Ærø Reisehandbuch

Udo Haafke

Westflügel Verlag

Bibliografische Information der Deutschen Bibliothek:
Die Deutsche Bibliothek verzeichnet diese Publikation in der Deutschen Nationalbibliografie; detaillierte bibliografische Daten sind im Internet über http://dnb.ddb.de abrufbar.

Impressum

ISBN: 978-3-939408-16-1
Text: Udo Haafke
Layout: Ulrike Katrin Peters
Lektorat: Christine Cangemi, Sven Borghs, Karsten-Thilo Raab

Liebe Leserinnen und Leser,
wir freuen uns, Ihre Meinung zu diesem Reiseführer zu erfahren.
Bitte senden Sie Ergänzungsvorschläge, Anregungen und Korrekturvorschläge an den

Westflügel Verlag, Gustav-Streich-Str. 62, 45133 Essen.

Weitere Informationen zum Verlagsprogramm finden Sie im Internet unter:
www.westfluegel-verlag.de

FSC
www.fsc.org
MIX
Papier aus verantwortungsvollen Quellen
Paper from responsible sources
FSC® C105338

Inhaltsverzeichnis

Einstimmung

Es ist nicht überliefert, ob der neben dem LEGO-Stein berühmteste Däne, der Märchendichter Hans-Christian Andersen, jemals Ærø, die größte Insel in der Region südlich von Fünen, besucht hat. Historiker schweigen sich darüber aus, ebenso die Lokalgeschichtsschreibung.
Andersen, der in seiner Heimat verkannt und mitleidig belächelt wurde, war zu Lebzeiten sehr viel im In- und Ausland auf Reisen. Auf der Suche nach Inspiration für seine Werke, nach sehnsuchtsvoller Erfüllung seines persönlichen Glücks, nach Liebe und Verständnis. Genau für diese, des großen Poeten Inspiration wäre Ærø damals wie heute geradezu prädestiniert gewesen.

Zauberhafte kleine Orte voller Romantik, beschauliche Küstenstreifen, lauschige Häfen und oft feinsandige Strände machen die Insel zu einem wahren Juwel. Seinen besonderen Glanz verdankt es der Tatsache, dass es eben gerade nicht durch eine Brücke mit dem Festland verbunden ist. Der Weg nach Ærø führt immer nur über Fähren, vielleicht mit der eigenen Yacht oder in Ausnahmefällen mittels eines Kleinflugzeuges auf dieses dänische Kleinod. Darauf begründen sich zudem die ruhige Art und die Ausgeglichenheit der Menschen, die fehlende Hektik in einer mittlerweile immer schnelllebiger werdenden Zeit. Lediglich in den drei Fährhäfen kann zuweilen eine ausgesprochen gemäßigte Variante des Verkehrschaos auftreten, wenn nämlich die bauchigen, weiß-blauen Schiffe der Ærøfærgerne von Jütland, Fünen oder Langeland an- und ablegen. Schnell kehrt wieder die gewohnte Ruhe ein.

Dabei befindet man sich keineswegs in einem bewohnbaren, antiquierten oder möglicherweise schon leicht angestaubten Freilichtmuseum. Im Gegenteil, Ærø gehört sogar zu den überregionalen Vorreitern fortschrittlicher Technologien.

Zwar wird allerorten über die optische Ästhetik moderner Windmühlen als Vertreter einer ökologisch sinnvollen Stromproduktion diskutiert, denen auch hier eine gewisse Prominenz nicht abzusprechen ist. Windräder beeinträchtigen manchmal die Sicht zum Horizont. Andererseits steht beispielsweise auf einer Anhöhe oberhalb Marstals die weltgrößte Solarthermieanlage. Sie erzeugt einen Großteil der Energie für die kleine Stadt, und sie erfährt ständige, innovative Erweiterungen. Und am östlichen Ortsausgang von Ærøskøbing liegt eine der landesweit ersten

Biogasanlagen, die ebenso energietechnisch in eine vernünftige Zukunft weisen. Hierzu passt bis dato auch der Spitzenwert von 3,7m^2 an Sonnenkollektorfläche pro Einwohner.

Andersen hätte es bestimmt voller Wohlwollen betrachtet. Bestätigte der Märchendichter sich doch als Visionär mit Weitblick indem sich einige Punkte seines vor über 150 Jahren verfassten Märchens In Jahrtausenden bereits tatsächlich bewahrheitet haben. Vor allen Dingen ein hektisches Reiseverhalten betreffend. Doch für Romantiker, die gerne durch die gemütlichen Inseldörfer schlendern und das unverfälschte Idyll genießen möchten, stehen auf Ærø gleich mehrere, zumeist gut erhaltene Windmühlen klassischer, holländischer Bauart.

Ruhe verbreiten die Gassen von Ærøskøbing (rechts). Frühlingsboten in Voderup (unten).

Teil 1 – Land und Leute

Lage

Länglich geformt in einer Ausrichtung von Nordwest nach Südost und mit einer leichten Krümmung nordwärts misst Ærø im südlichen Eingangsbereich des Kleinen Belt an der breitesten Stelle gut 6 Kilometer, bei einer Länge von etwa 25 Kilometern.
Die Insel umfasst eine Flächenausdehnung von knapp 90 Quadratkilometern

Geografie

Wie in Dänemark in seiner Gesamtheit hat in erster Linie die letzte Eiszeit für das grundlegende Erscheinungsbild, die Ausrichtung und die Beschaffenheit auch der Insel Ærø gesorgt. Durch Landhebungen während der Steinzeit verschmolzen das größere Ærø mit seiner ausgeprägten, gelbsandigen Steilküste gen Südwest und das flache, östlich gelegene und kleinere Skovland beinahe miteinander. Zuvor waren beide Inselteile voneinander getrennt.
Das heute landwirtschaftlich kultivierte, ehemalige Sumpfgebiet

Bei Radfahrern sehr beliebt: Die flache Landschaft - wenn nur der Wind nicht wäre.....

Bilderbuchlandschaften prägen den Eindruck, den man als Reisender erhält, hier bei Søby.

Gråsten Nor markiert den Berührungspunkt der beiden ungleichen Schwestern. Skovland deutet auf ausgedehntes Waldgebiet hin. Der Ursprung des Namens Ærø leitet sich von dem Ahornbaum ab, doch ausgedehnte Wälder gibt es im gesamten Inselbereich keine mehr, nur eher vereinzelt bewaldete Haine oder schattenspendende Baumgruppen. Ein Umstand, der Radwanderer immer ein wenig Kopfzerbrechen bereitet, da steter Wind über die Insel bläst und meistens eben nicht von hinten kommt. Agrarkultur dominiert den Landschaftscharakter Ærøs. Schmale Felder, umrahmt von Hecken und Gebüsch, reichen oft hinunter bis an die Küstenlinie.

Auf einem Untergrund aus verdichteten Tonschichten liegen riesige Flächen aus Sand wie es insbesondere an den südlichen und südwestlichen Steilküsten gut zu erkennen ist. Hier wirkt die Küstenlandschaft eher terrassenartig. Wie ein Wall bietet sich der Anblick dieses Bereiches vom Meer aus. Voderup Klint besteht aus einem seltenen Muschelkalkgestein, das auf die letzte Zwischeneiszeit zurückgeht. Die sandig-weichen Klippenformationen, die Ausblicke weit in Richtung Süden erlauben, bei klarem Wetter ist die Küste Schleswig-Holsteins zu sehen, ziehen sich landeinwärts noch weiter in die Höhe. Das Land verläuft zwischen Vitsø Nor und Gråsten Nor auf einem gestreckten Grat, der hier seine größte Höhenausdehnung erreicht. Dort liegt heute in etwa die zentrale Inselstraße. Etwas nördlich von Bregninge mit der Synneshøj die höchste Erhebung Ærøs, unweit davon auch am Rastplatz Olde Mølle die Friedensbank des Künstlers Erik Brandt.

Der Grat fällt nun flach und gleichmäßig in nordöstllicher Richtung ab und endet beinahe übergangslos und sanft an der dortigen Küste. Vergleichbar mit einer gewaltigen Welle aus Sand erhebt sich der längliche, leicht gebogene Inselkörper aus dem Wasser der Ostsee, um an den gegenüberliegenden Klippen wieder jäh abzubrechen. Kleine, sehr schmale Landzungen bilden lagunenartige Vorsprünge, die aus ehemaligen, von der Strömung geformten Sandbänken entstanden sind, wie etwa Urehoved vor Ærøskøbing.

Flora und Fauna

Trotz ihrer verhältnismäßig geringen Größe besitzt Ærø ein reichhaltiges Tier- und Pflanzenleben. Die Insel dient vielen Zugvogelarten als Rastplatz, ebenso zahlreichen Wasser- und Watvögeln. Diese brüten teilweise sogar hier. Im Winter und zeitigem Frühjahr finden sich eine Vielzahl von Entenarten, Gänse und Schwäne, von Möwen und Seeschwalben ein, die beispielsweise in den flachen Gewässern um Nørreholm ideale Bedingungen für ihre Nahrungsaufnahme vorfinden. Auch Bekassinen, Kampfläufer, Großer Brachvogel, Wachtelkönig und Regenpfeifer sind dann in großer Zahl vor Ort. Ähnlich bunt geht es auch am ehemaligen Fjordarm Vitsø Nor zu. Zahlreiche Singvogelarten fühlen sich in den umgebenden Gebüschen und Hecken mehr als wohl und haben alljährlich eine lebhafte Kinderstube zu betreuen. Fasane und Feldhühner können Ornithologen ebenso beobachten wie verschiedene Greifvogelarten. Die nördliche Inselspitze Næbbet ist ein großes Vogelschutzgebiet.

Botaniker erfreuen sich in der Frühsommerzeit an den großen Beständen des Breitblättrigen Knabenkrauts, einer Orchideenart, die im Gråsten Nor in der Gegend von Kragnæs häufig anzutreffen ist. Hier finden sich zum Ende des Sommers auch Exemplare des Wiesenenzians sowie auf relativ kleiner Fläche die unterschiedlichsten Gras- und Wiesenarten. Zu den besonderen Spezies der Pflanzenwelt

Hingucker nicht nur für Ornithologen (oben) - Schneeglöckchenmeer bei Store Rise (unten)

Der sehr salzhaltige Boden prägt nachhaltig die Flora in Strand- und Küstennähe, die in diesen Regionen ein sehr üppiges Auskommen hat.

Klima

Bedingt durch die allgegenwärtige Nähe zum Meer ist das Klima auf Ærø wie in ganz Dänemark eher gemäßigter Natur. Die Sommer sind nicht zu heiß, die Winter eher mild. Extremere Wetterverhältnisse können jedoch vorkommen. Im Durchschnitt liegen die Temperaturen während des Sommers kaum über 25° C, im Winter selten unter dem Gefrierpunkt. Die Wassertemperatur der Ostsee im südfünischen Inselmeer kann bei intensiverer Sonneneinstrahlung in der warmen Jahreszeit durchaus angenehme 22° C erreichen, speziell an den flachen Stränden.

Die Nächte im Sommer werden oft in der Zeit von Mai bis August als sehr hell und lau wahrgenommen. Ganz typisch sind auch die steten Wetterwechsel, speziell wenn der Wind – wie üblich – aus westlicher Richtung weht. Dann sind auch dramatische und charakteristische Wolkenbildungen zu beobachten, die zuweilen ein paar Tropfen mitbringen.

Dennoch rühmt sich Ærø der meisten

Romantische Sommerabende genießt man nicht nur in Borgnæs.

Solartherme in Marstal.

Sonnenstunden und die Insel bekam dafür 2000 die Auszeichnung als Sonnenstadt Dänemarks.

Wirtschaft

Landwirtschaft und Fischerei sowie der Schiffbau sind die führenden, traditionellen Industriezweige der Insel Ærø. Jedoch gewinnt der Tourismus in zunehmendem Maße an Bedeutung. Die Häfen sind heute mehr von privaten Segelyachten bevölkert, als von neuen Schiffen und Booten. Alle Werften haben sich gezwungenermaßen stärker von der Produktion abgewandt und das Hauptaugenmerk mehr auf die Reparatur und Instandsetzung maritimer Fahrzeuge gerichtet. Alternative Technologien zur Energieerzeugung tragen ebenfalls einen wachsenden ökonomischen Anteil bei.

So die thermische Solaranlage - die größte der Welt auf einer Insel - oberhalb von Marstal, die Biogasanlage am Ortsrand von Ærøskøbing sowie weitere Windenergie- und Solarthermieanlagen auf ganz Ærø. Diese sorgen in ihrer Gesamtheit und durch ihren regenerativen Charakter für eine gewisse, letztendlich auch angestrebte Unabhängigkeit von der staatlichen Energieversorgung durch fossile Energieformen.

Steckbrief

Fläche: 90 Quadratkilometer
Maximale Länge: 25 Kilometer
Maximale Breite: 6 Kilometer
Küstenlänge: 80 Kilometer
Einwohnerzahl: ca. 7.050
Bevölkerungsdichte: 78 Einwohner pro Quadratkilometer
Höchste Erhebung: Synneshøj 86 Meter
Größter Ort: Marstal (2.400 Einwohner)

Geschichte im Zeitraffer

10.000 v. C. Erste vermutliche Besiedlung der Insel
2400 v. C. Aufgabe der Ganggräber von Kragnæs
1137 König Errie siegt über die Wenden, erste Erwähnung
1232 Besitz brandenburgischer Markgrafen
1250 Gründung von Ærøskøbing, zunächst vermutlich unter dem Namen Wysbye
1315 Ende der Brandenburger Herrschaft, Zugehörigkeit zum Herzogtum Schleswig
1500 diverse Landesteilungen, Ærø bleibt königlich-dänisch
1514 Gründung Marstals
1522 Ærøskøbing erhält Stadtrechte
1564 Ærø wird eigenständiges Herzogtum, bleibt aber Sonderburg unterstellt.
1580 Gründung von Søbygaard
1629 Ærøskøbing brennt in großen Teilen nieder
1633 Dreiteilung der Insel, fortan zugehörig jeweils den Herzogtümern Norburg, Glücksburg und Plön
1658/59 Schwedenkrieg, Brandrodungen der Inselwälder
1727 letzte öffentliche Hinrichtung auf dem Galgebakken von Rise
1750 Ærø geht in den Besitz des Königs über
1773 Ærø gehört zum Amt Norburg, bleibt Teil des Herzogtums Schleswig
1846 Fähre von Mommark/Alsen nach Søby
1856 Dammbau bei Kragnæs, Trockenlegung der Gråsten Nor Meerenge
1859 Erste lokale Zeitung Ærø Avis (besteht bis 1961)
1861 Stadtrechte für Marstal
1862 Erste Telegrafenverbindung
1864 Frieden von Wien, Ærø wird endgültig Teil des Königreichs Dänemark
1867 Ærø ist Teil des Amtes Svendborg
1872 große Sturmflut trifft Marstal und Ærøskøbing
1875 Fährbetrieb von Svendborg nach Ærøskøbing
1903 Dampfschiffverbindung von

Faaborg nach Søby

1910 Eröffnung des Ærø Museums in Ærøskøbing

1929 Eröffnung des Seefahrtsmuseums in Marstal

1931 Eisenbahn erreicht Ærøskøbing

1933 Fährverbindung von Faaborg nach Søby

1970 nach Kommunalreform nun Teil von Fyns Amt, Ærøskøbing und die westlichen Kirchspiele bilden die Ærøskøbing Kommune, Marstal die Primärkommune Marstal

1987 Ærøskøbing Kommune zur dänischen Kommune des Jahres gekürt

1995 Einstellung des Eisenbahnbetriebes

2000 Bürgerbewegung verhindert die Schließung der Seefahrtsschule in Marstal

2000 zum 750. Stadtjubiläum von Ærøskøbing besucht das dänische Königspaar die Stadt

2002 Europa Nostra Preis für Ærøskøbing

2006 Bildung der Ærø Kommune

2012 Schoner Bonavista wieder seetüchtig

Die Geschichte

Archäologische Funde deuten auf eine Besiedlung Ærøs hin, die wohl schon mehr als 10.000 Jahre zurückliegt. Darauf lassen die Pfeilspitzen schließen, welche ehedem für die Jagd genutzt und bei Ommelshoved erst jüngst gefunden wurden. Einige Hünen- und Ganggräber verdeutlichen als immer noch sichtbare, jedoch stumme wie steinerne Zeugen diese graue Vorzeit aus den Anfängen des menschlichen Lebens. Ein erheblicher Teil dieser geschichtsträchtigen Grabanlagen fiel leider mit dem Ausbau der Hafenmole von Marstal um 1820 dem wirtschaftlichen Aufbruch zum Opfer.

Die Historienforschung weist hinsichtlich der frühen Vergangenheit Ærøs eine große Lückenhaftigkeit auf. Man vermutet jedoch, dass es schon immer eine recht dichte Besiedlung gegeben haben dürfte. Um 1100 legte die damalige Bevölkerung Wallanlagen an, die vor den Attacken der umtriebigen Wenden schützen sollten. Das rüde Volk aus den nördlichen Küstengebieten des heutigen Deutschland versuchte durch Raub- und Eroberungszüge sein Überleben zu sichern. Einige der Krieger siedelten sich sogar auf Ærø an, das aufgrund seiner geografischen Lage ganz besonders den feindlichen Angriffen ausgesetzt war. Das heute wieder rekonstruierte Søbygaard, angelegt als Jagdsitz schleswigscher Herzöge, thront fast exemplarisch auf einer dieser recht effektiven Verteidigungsstellungen. Aus dieser Zeit um 1100 stammt auch die erstmalige Erwähnung Ærøs in einem isländischen Sagenepos, das den Sieg des nordischen Königs Errie in einer Seeschlacht über die Wenden feierte.

Zu Beginn des 13. Jahrhunderts gelangte Ærø dann unter die Herrschaft brandenburgischer Markgrafen. Sie waren vermutlich für die Gründung Ærøskøbings verantwortlich, denn der Aufbau des Stadtbildes ähnelt den Grundrissen von Siedlungen aus deren Herkunftsgebiet. Im 14. Jahrhundert wurde Ærø Teil des Herzogtums Schleswig. Dort verblieb es bis ins Jahr 1864, nachdem es in der Zwischenzeit eine ganze Reihe von regionalen Aufteilungen und Besitzungen der jeweiligen Regenten und Lehnsherren, Könige und Herzöge, mithin einen stetigen Besitzwechsel gegeben hatte. 1629 wurde der damalige Hauptort Ærøskøbing durch eine Feuersbrunst nahezu komplett zerstört. Im Schwedenkrieg 1658/59 litt vor allen Dingen die Bauernschaft der Insel, die zusehends verarmte. Durch Neuaufteilung der Inselregionen verlor Ærøskøbing überraschenderweise an

Store Rise, Hünengrab, Thingstätte, (oben) und Gedenkstein in Olde.

MINDE
OM
ERØS
SAMLING
UNDER
DEN
DANSKE
KRONE
1750
REJST AF DENS

Gewicht als Handelsplatz und Kaufmannsstadt, so setzte die Blütezeit Marstals ein. Dies obwohl die Stadt eigentlich keine Handelsrechte besaß und zunächst nur durch florierenden Schwarzhandel zu pekuniärem Ruhm kam.

Mit Beendigung des Deutsch-Dänischen Krieges im Sommer 1864 und durch den daraufhin einige Monate später erfolgten Friedensschluss von Wien, an dem auch Otto von Bismarck beteiligt war, gelangte Ærø endgültig als fester Bestandteil in das Königreich Dänemark. Nordschleswig, der südliche Teil Jütlands kam erst 1920 dazu und markiert die heute gültigen Landesgrenzen. Ærøs Nähe zu Deutschland, dazu seine Randlage innerhalb des dänischen Reiches brachten in der Folgezeit eine ganze Reihe von Nachteilen ökonomischer Art mit sich. Landflucht und Einschränkungen im sozialen Gefüge mussten hingenommen werden. Doch die Inselbewohner, genervt und ausgelaugt von steten kommunalen Neugliederungen, nahmen die Herausforderung an und brachten es schließlich zur Großgemeinde Ærø. Wichtigstes Kriterium für den Fortbestand eines funktionierenden Insellebens wurde der Tourismus. Speziell in der Zeit bevor die innereuropäischen Grenzen fielen, gehörten die

Infoschild über Städtepartnerschaften in Marstal am Havnepladsen.

Butterschiffe aus Norddeutschland zum sommerlichen Alltag auf der Insel. Dann waren die schmalen Gassen innerhalb von Ærøskøbings denkmalgeschütztem Ortskern hin und wieder einmal so gut wie überfüllt. Während Ærøskøbing eher ein bürgerlich-kaufmännisches Bild repräsentiert, zeigt sich Marstal von einer bodenständigeren, unkomplizierten und recht gradlinigen Seite.

Vielerorts weht die Flagge Ærøs im Wind, ziert Aufkleber, Firmenlogos und Buchtitel. Sie besteht aus drei gleichmäßigen Querstreifen in den Farben gelb, grün und rot und ist damit identisch zur Nationalflagge des baltischen Staates Litauen. Ursprünglich hatte diese Fahne, die man im Nachlass von Herzog Christian, dem einzigen norddeutschen Adelsherrn, der die gesamte Insel unter seiner Ägide hatte, entdeckte, gleich neun Streifen in diesen Farben, die damals in poetischer Manier als das Gelb von Gold, das Grün der See und das Rot der Haut umschrieben wurden. Der Einfachheit halber reduzierte man sie jedoch auf das heute allseits bekannte Muster. Allerdings besteht unter den engagierten Heimatkundlern der Insel und Dänemarks große Unsicherheit über die tatsächliche Bestimmung der Flagge.

Die Insel Ærø pflegt eine Insel- bzw. Gemeindepartnerschaft mit der Stadt Elsfleth im Oldenburger Land an der Mündung der Hunte in die Weser, die auf eine ähnliche Seefahrtsgeschichte zurückblickt wie Marstal, sowie mit der sehenswerten schwedischen Stadt Eksjö in Småland, die in ihrem Zentrum noch viele historische Holzhäuser besitzt.

Essen und Trinken

Smørrebrød, kunstvoll und lecker belegte Brote, oder der berühmte Test für Sprachschüler rødgrød med fløde (rote Grütze mit Sahne) sind die kulinarischen Klassiker, die symbolisch für die Küche Dänemarks stehen. Unvermeidlich auch die knallroten Würstchen (pølser) im Brötchen, die als Hot-Dog an mobilen Fast-Foodständen verkauft werden. Ebenso charakteristisch die rot-weiße Kuh Karoline, die über viele Jahrzehnte werbewirksam auf die hohe Qualität dänischer Molkereiprodukte aufmerksam machte. Das schmackhafte Blätterteig-Gebäck, das wundervoll duftend in den Auslagen der Bäckereien zu finden ist und den Gaumen anregt, heißt in Dänemark Wienerbrød. Bei uns ist es als Kopenhagener bekannt, doch wirklich gut schmeckt es eigentlich nur in Dänemark. In der Weihnachtszeit sind die Æbleskiver (Apfelscheiben) ein unbedingtes Muss. Der Name jedoch ist etwas missverständlich, da es sich um in Fett ausgebackenes, krapfenähnliches und kugelförmiges Backwerk handelt. Zu Silvester schließlich stehen filigrane Kransekage auf dem Speiseplan. Dies sind spitze, hohe kegelförmige Kuchen, die aus übereinander geschichteten Ringen bestehen und mit Puderzucker oder Glasur verziert werden. Zusätzliche Dekoration sind oft kleine Figuren und en-Miniature der Danebrog, die dänische Flagge. Eine Spezialität der Insel sind die Ærøpandekager: dicke Pfannkuchen, in siedendem Schweinefett goldbraun gebacken und mit Rhabarber- oder Stachelbeerkompott serviert.

Die dänische Küche gestaltet sich tendenziell eher einfach und gutbürgerlich bis deftig, lässt auf den ersten Blick eine gewisse Raffinesse vermissen. In erster Linie findet man frischen Fisch in großer Vielfalt und Meeresfrüchte sowie Schweinefleisch auf den Speisekarten landesweit. Dazu gibt es häufig Kartoffeln und Gemüse, gerne beispielsweise Rotkohl. Mittagessen heißt im Dänischen übrigens frokost und das warme Abendessen wird als middag bezeichnet, was schon einmal leichte Verwirrung auslösen kann. Nach den Mahlzeiten macht gerne der bekannte Kümmelschnaps Aquavit, traditionell goldgelb gefärbt, die Runde.

Kaffee wird in Dänemark gern und reichlich getrunken, Kinder erfreuen sich am meist recht süßen Sodavand, Limonade farblich manchmal etwas fragwürdiger Natur. Der Bierkonsum (Øl) in Dänemark ist recht hoch, wobei die großen Marken zwar noch dominieren, jedoch der allgemeine Trend hin zu individuelleren Produkten geht. So hat sich auch auf Ærø eine Mikrobrauerei etablieren können. Rise Bryggeri nutzt seit 2004 die Gebäude der ehemaligen Meierei am Vandværksvej zur Herstellung von ausgezeichneten Bieren, und legt dabei großen Wert auf ökologische Aspekte (www.risebryggeri.dk). Eine besondere Spezialität, die prinzipiell nur in Marstal kredenzt wird, ist Riga, eine Kräuteressenz nach Geheimrezept, die als Medizin in der bedeutenden Seefahrt der Stadt Verwendung fand und findet. Bestellt man Riga in den Bars und Restaurants, so bekommt man einen klaren Aquavit mit der Essenz versetzt serviert. Das Ganze erinnert dann in Farbe und Geschmack an einen würzigen, aber eher milden und gut verträglichen Magenbitter.

Frisch geräucherte Fische gehören zu den Delikatessen der Insel genau wie "smørebrød".

Ærøskøbing
Røgeri
Havnen 15 · Tlf. 62 52 40 07

Sport und Freizeit

Die populärsten Freizeitaktivitäten auf Ærø drehen sich selbstverständlich um alle Arten von Wassersport, wobei zumeist nicht die sportlichen Höchstleistungen im Vordergrund stehen, sondern die entspannte wie kurzweilige Beschäftigung während des Urlaubes mit der Familie. Vor allem Baden und Schwimmen an den sehr kinderfreundlichen und flachen Strandabschnitten Vester Strand bei Ærøskøbing und Eriks Hale bei Marstal, wo es zudem die hübschen, hölzernen Badehäuschen zu sehen gibt, rangieren in der Beliebtheitsskala ganz weit oben. Und auch Tauchen gehört seit Neuestem zum Aktiv-Spektrum auf Ærø (Unterwassersafari, Borgnæs, Tel. 0045 (0) 62 52 16 08). Während die Segler mit ihren Yachten durch das südfünische Inselmeer kreuzen, in lauschigen Buchten vor Anker gehen und die Seele baumeln lassen oder die gemütlichen Häfen ansteuern, nutzen die Windsurfer die zumeist gemäßigten Brisen der Ostsee, um ihre Fähigkeiten auf den schwankenden Brettern zu verbessern. Auch Kitesurfen ist möglich. Insbesondere die gern als kleines Meer bezeichnete, langgezogene Bucht vor dem Hafen von Marstal bietet dafür ideale Möglichkeiten.

Petrijünger versuchen auch am Hafen ihr Glück.

Geführte Touren mit dem Seekayak können ebenfalls von hier aus gestartet werden (www.havkajak-center-marstal.dk). Etwas gemütlichere Zeitgenossen, die auf das ursprüngliche Seefahrtserlebnis nicht verzichten möchten, buchen im Sommer einen gepflegten Törn mit dem Paketschiff Mjølner von Marstal oder Ærøskøbing aus. Der traditionelle Küstensegler versinnbildlicht die große Seefahrtshistorie der Insel (www.aeroe.dk).

Angeln

In Dänemark darf man die private Freizeitfischerei nur mit Angelschein (dän: Fiskerilicens) ausführen. Diese Erlaubnis ist mit einigen freundlichen Empfehlungen über geeignete Angelplätze in den Touristeninformationen von Søby, Ærøskøbing und Marstal zu bekommen. Grundsätzlich lohnt sich der gesamte Küstenbereich der Insel zur entspannenden Jagd mit Haken und Rute.

Radfahren

Für die Fortbewegung mittels Fahrrad ist Ærø geradezu prädestiniert. Auf gleich drei Fahrradrouten (Nr. 90, 91, 92 – blaues Schild mit Rad-Symbol sowie richtungsweisendem

Pfeil) über mehr als 80 Kilometer lässt sich die gesamte Inselgeografie, lassen sich Geschichte und Sehenswürdigkeiten hervorragend erkunden. Die Wege führen zumeist entlang der Küste, durch verträumte Gassen oder über verwunschene Feldwege. Aber obacht: selbst wenn es keine großen Höhenunterschiede zu überwinden gilt, weht doch stetig der Wind, unglücklicherweise fast immer von vorn, und lässt im Verlauf eines Ausfluges mit dem Tretross so allmählich die Kräfte schwinden. Fahrräder, Tandems und Anhänger sowie notwendiges Zubehör können zu recht moderaten Preisen bei Søby Cykler, Havnevejen 2, DK-5985 Søby, Pilebækkens Cykelcenter, Pilebækken 11, DK-5970 Ærøskøbing, und Nørremarks Cykelforretning, Møllevejen 77, DK-5960 Marstal, tage- und wochenweise geliehen werden.

Golf

Rund um den steinernen Leuchtturm Skjoldnæs Fyr im äußersten Nordwesten Ærøs wurde vor einigen Jahren ein 18-Loch Golfplatz angelegt. Größtenteils vom Meer umschlossen bietet er niveauvolles Golfspiel (Par 72) mit schönen Ausblicken und technischen Finessen, die in erster Linie bei den Bahnen

Ob Golf oder MInigolf gespielt wird, das entscheiden ja oft die Mitreisenden ....

Perfekte Radelbedingungen soweit das Auge reicht - hier bei Vindeballe.

entlang der Küste etwas mehr Geschick erfordern. Das Clubhaus (www.aeroegolf.dk) befindet sich im ehemaligen Wohnhaus des Leuchtturmwärters, der Turm selbst kann erklommen werden. Integriert in die Anlage ist ein für jedermann zugänglicher 9-Loch Pay & Play Platz (Par 28).

Weniger ambitioniert, dafür aber garantiert mit hohem Spaßfaktor locken zudem einige Minigolfanlagen zum Spiel. Eine davon liegt etwas versteckt im Zentrum von Søby am Havnevejen 2 und verfügt über einige, recht unkonventionelle Bahnen, deren Hindernisse mit Sehenswürdigkeiten von der Insel gestaltet sind.

Reiten

Freunde des Reitsports haben die Auswahl aus vier Anbietern auf der Insel, welche ihre Vierbeiner, dazu gehören auch Ponys und Islandpferde, für Ausflüge und Ausritte zur Verfügung stellen. Teilweise werden auch geführte Reitwanderungen angeboten. Ærø Ridecenter, Vråvejen 16, Ærøskøbing, Tel. 0045 (0) 40 45 59 70; Elisabeth Ottesen, Tværbymark 6, Bregninge, Tel. 0045

(0) 62 58 18 00; Palle Friis, Vesterskovsvej 20, Marstal, Tel. 0045 (0) 50 40 32 54; Kit Foged, Voderup 37, Voderup, Tel. 0045 (0) 50 88 12 19.

Wandern

Mit einer Gesamtlänge von mehr als 220 Kilometern ist der Øhavsstien einer der längsten, offiziellen Wanderwege des Landes. Er führt durch die Region des Südfünischen Inselmeeres entlang der Südküste Fünens, über die kleine Insel Tåsinge und Langeland. Etwa 36 Kilometer dieses Weges verlaufen auf Ærø. Der durch ein blaues Schild gekennzeichnete Øhavsstien durchmisst die Insel von Søby nach Marstal und verläuft vornehmlich im flacheren, nördlichen Küstenbereich. Somit stellt er keine hohen Anforderungen an den Wanderer, dafür bietet er ein zauberhaftes und sehr entspanntes Naturerlebnis, idyllische Dörfer und wunderbare Aussichten. Die Route führt - je nach Wanderrichtung - von Marstal aus über Kragnæs, und von Rise aus dann weiter durch Ærøskøbing, vorbei an Borgnæs und Bølkemose, schließlich über Skovby, Volde und Vitsø bis nach Søby. Dabei macht man gleichzeitig eine kleine Reise durch die Inselgeschichte. Ganggräber (Kragnæs), Windmühlen

Wanderer finden vierlorts, wie hier am Vester Strand, gut ausgeschilderte Wege vor.

Gerade die Ausblicke auf die Weite der Landschaft und des Meeres bereiten Wandergenuss.

(Vester Mølle, Vitsø Mølle), Befestigungsanlagen (Søbygaard) laden zu genauerer Erkundung.

Empfehlenswerte Spaziergänge führen aber beispielsweise auch längs der Klippenküste von Tranderup oder Voderup. Eine markierte Wanderstrecke von etwa acht Kilometern Länge befindet sich in der botanisch hochinteressanten Region des Gråsten Nor. Der Ærø Naturpark liegt nördlich von Bregninge und beschreibt einen zauberhaften Landschaftseindruck mit schönen Aussichten über das Tranderup-Tal auf das südfünische Inselmeer. Schließlich gibt es noch einen landschaftlich sehr reizvollen Wanderweg, der vom Herrensitz Søbygaard über die ehemaligen Befestigungswälle nach Vitsø und bis zum Loddenbjerg-Wäldchen führt. Letztlich lohnen auch kurze Wanderausflüge von Ærøskøbing entlang des Vester Strandes bis hinaus zur Landzunge Urehoved oder vom südlichen Ortsrand Marstals hinüber nach Eriks Hale zur charakteristischen Landmarke des weißen Kalkofens mit dem roten Kuppeldach, jeweils vorbei an den typischen bunten Badehäuschen. Oder schlicht entspannte Spaziergänge durch die malerischen Innenstädte.

Teil 2 – Unterwegs auf Ærø

Die gesamte Insel ist Teil von Fyns Amt und bildet die Ærø Kommune, die ihren Sitz im Rathaus von Ærøskøbing hat. Diese Inselgemeinde schlüsselt sich auf in sechs Kirchspiele (sogn), nämlich derer von Marstal, Rise, Tranderup, Bregninge, Ærøskøbing und Søby. Ærø ist politisch der Region Syddanmark (Süddänemark) zugeordnet.

Birkholm

Der Prototyp eines Eilandes ist wohl das Inselchen Birkholm, das nördlich von Marstal im südfünischen Inselmeer liegt und bei einer Fläche von 96 Hektar gemeinsam mit dem benachbarten **Hjortø** zu den kleinsten bewohnten Inseln Dänemarks zählt. Sehr flach, die höchste Erhebung namens **Hyldsbakke** misst gerade einmal gut zwei Meter über dem Meeresspiegel, nur niederer Bewuchs und mit Deichen umfriedet, lebt hier gerade einmal ein knappes Dutzend Menschen. Diese bewirtschaften ihre kleinen Bauernhöfe und bilden eine sehr starke, verschworene Gemeinschaft.

Die wenigen Häuser des winzigen Inseldorfes sind zumeist als private Feriendomizile genutzt. Dennoch kommen während des Sommers viele Ausflügler mit dem regelmäßig verkehrenden Postschiff von Marstal herüber, um die Ruhe und Einsamkeit hier zu genießen, um zu baden oder zu angeln. Der Hafen kann dann recht stark von Seglern und Motoryachten frequentiert sein. In den Hafenanlagen ist alles Notwendige zur Grundversorgung vorhanden. Es gibt auch einen kleinen Laden, in dem man – wie noch weit im Lande verbreitet – den gewünschten Artikel nimmt und das dafür notwendige Geld in einer Zigarrenkiste hinterlegt.

Obwohl Birkholm nur von geringer Größe ist, werden viele lokale Traditionen gepflegt. Dazu gehören u.a. das gemeinsame Ostereier-Kochen im Hafen am Ostersamstag, der Sct. Hans Ball um den 23. Juni, das Sommerfest Anfang August oder die Fasanenjagd am zweiten Samstag im November.

Anreise: Birkholmruten, Jan Fabricius, 0045 (0) 29 67 79 70 oder 0045 (0) 40 40 03 25, jan@seaconsult.dk, das Boot fährt zu günstigen Preisen

Wie aus dem Bilderbuch: Die Østergade in Ærøskøbing.

zwischen Mai und September zweimal täglich von Marstal nach Birkholm, sonntags und an Feiertagen jedoch nur auf Bestellung, die Überfahrt dauert etwa 25 Minuten. In der Zeit von September bis Mai gibt es nur eine tägliche Verbindung, auch hier an Sonn- und Feiertagen nur nach Absprache. Grundsätzlich ist wegen des nur geringen Platzangebotes an Bord eine Reservierung notwendig.

Übernachten: Birkholm 17, Gustav Jensen, 0045 (0) 28 97 85 77, kleiner und einfacher Zeltplatz rechts von Hafen

Hafeninformation: Frede Mortensen, Birkholm 15, DK-5960 Marstal, Tel. 0045 (0) 62 54 15 01 oder 0045 (0) 30 66 15 03, E-mail: margit_juel@privat.dk

Bregninge

Bregninge gehört zu den größten, typisch dänischen Straßendörfern und wurde im Jahre 2010 als erster Ort in Dänemark zum **Blühenden Dorf** (blomstrende landsby) auserkoren. Die gleichnamige Initiative hat sich die Förderung ländlicher Gemeinden zur Aufgabe gemacht. Inmitten des rund angelegten Friedhofes liegt die sehenswerte Kirche von Bregninge, die aus dem 13. Jahrhundert stammt und mit ihrem spitzen, schindelgedeckten Turm, der 1883 aufgesetzt wurde, norddeutsche Züge trägt. Sie ist die einzige Wegkirche der Insel und damit immer frei zugänglich. Besonders sehenswert im Innern des Gotteshauses ist das hölzerne Altartriptychon des Dänen Claus Berg von 1530. Die Kalkmalereien wurden 1956 letztmals restauriert.

Erstmals urkundlich erwähnt wird Bregninge 1398, doch begann die Besiedlung vermutlich schon 350 Jahre zuvor. Unter der Herrschaft des holsteinischen Herzogs Hans wurde die Gemeinde in einen östlichen und einen westlichen Teil aufgeteilt. Die Bauern mussten fortan ihre Erträge entweder bei der Verwaltung am Søbygaard oder am Voderupgaard abgeben. Eine ungewöhnliche Tradition (gå udklædt oder gå maske) hat sich bis ins 21. Jahrhundert gehalten, wenn sich des Abends am Dreikönigstag im Januar einige Dorfbewohner maskiert und in Verkleidung gegenseitig Besuch abstatten und, um möglichst unerkannt zu bleiben, mit veränderter Stimme alte Dorfgeschichten erzählen oder skurrile Wünsche äußern.

Fassadenromantik in Bregninge.

GADEKJÆR

Die Kirche von Bregninge ist gut verhüllt von dichten Baumkronen.

Heute haben sich viele Künstler und Kunsthandwerker im Dorf niedergelassen, die einen besonderen Schwerpunkt auf Ökologie und Eigenproduktion legen. Dies gilt sowohl für die Ærø Gårdbutik Uldgaarden mit einer großen Auswahl an Bekleidung (www.aeroegaardbutik.dk), die kleine Bonbonfabrikation (www.øbolcher.dk) als auch für das Honninghuset in Tværbymark. Dort liegt die wohl kleinste Galerie des Landes mit Büchern und Bildern in der gelben, ehemaligen Telefonzelle der Bundespost, installiert vom hier ansässigen, ehemaligen Oberbürgermeister der Stadt Zwickau. Ungewöhnlich auch die Galerie Artunique, die asiatische und fernöstliche Kunst präsentiert und mit einem exotischen Gewächshaus und seltenem Baumbestand im Garten lockt (www.artunique.dk).

Übernachten: Den Grønne Gren, Vester Bregninge 17, DK-5970 Ærøskøbing, 0045 (0) 62 58 20 45, dgg@dengronnegren.dk, www.dengronnegren.dk Die Pension im Haus des ehemaligen Supermarktes von Bregninge bietet fünf moderne Zimmer mit insgesamt 13 Betten. Im Restaurant werden ökologische Lebensmittel verwendet, es gibt eine lauschige Gartenterrasse.

Stutteri Nutzhorn B&B und Ferienwohnung, v/ Hanne Nutzhorn, Tværby 25, Bregninge, DK-5970 Ærøskøbing, Tel. 0045 (0) 30 20 59 75, www.bed-breakfast-events.dk, nutz@dlgtele.dk.

Ferieidyl på Ærø, Marianne Linnet, Vester Bregninge 20, Bregninge, DK-5970 Ærøskøbing, Tel. 0045 (0) 26 14 00 03, marianne@linnetrothe.dk, www.ferieidyl.dk.

Naturparkens Bed & Breakfast, Øster Bregningemark 15, DK -5970 Ærøskøbing, Tel. 0045 (0) 20 20 88 44, www.pertouenergi.dk/werborg, mail@pertouenergi.dk

Ferienwohnung Kirsten & David Thomas, Øster Bregninge 30, Bregninge, DK-5970 Ærøskøbing, Tel. 0045 (0) 62 58 22 23, www.smykkerafaeroesten.dk, davidwgt@c.dk.

Ferienhaus Lone Frederiksen und Poul Klausen, Egebjerggård, Tel. 0045 (0) 62 58 18 58 oder 0045 (0) 21 82 88 66, poul.lone.egebjerggaard@mail.dk.

Ferienhaus Øster Bregningemark 24, DK-5970 Ærøskøbing, Tel. 0045 (0) 63 52 50 00. www.web.mac.com/mdall/iWeb/oakhouse/OAKHOUSE.html.

Ferienhaus Arkitektens Byhus, Vester Bregninge 7, DK-5970 Ærøskøbing, Tel. 0045 (0) 21 22 01 90, www.byhusaeroe.dk, gaardbutikken@aeroe.dk

Ferienwohnung Oakhouse, Øster Bregningemark 24, DK-5970 Ærøskøbing, Tel. 0045 (0) 36 98 19 19, 0049 (0) 172 283 96 54, info@visit-aeroe.dk

Essen und Trinken: Den Grønne Gren, Vester Bregninge 17, DK-5970 Ærøskøbing, Tel. 0045 (0) 62 58 20 45, dgg@dengronnegren.dk, www.dengronnegren.dk. Ökologisches Café und Restaurant.

Ærø Gårdbutik Uldgaarden, Tværby 3, Bregninge, DK-5970 Ærøskøbing, Tel. 0045 (0) 62 58 14 00, www.aeroegaardbutik.dk/index.html, gaardbutikken@aeroe.dk. Gute Einkaufsmöglichkeiten und uriges Strickcafé mit Strickfrauen.

Kildebjerggård Honninghuset, Tværbymark 26, DK-5970 Ærøskøbing, Tel. 0045 (0) 59 44 08 67. Honig aus eigener Imkerei, hausgemachte Marmelade und Konfitüren und allerlei sündhafte Süsswaren.

Ø-Bolcher, Øster Bregninge 35, DK-5970 Ærøskøbing, Tel. 0045 (0) 25 73 36 09, www.øbolcher.dk, mail@oebolcher.dk. Hausgemachte Bonbons aus einer der kleinsten Bonbonküchen Dänemarks.

Dunkær

Das kleine Dorf Dunkær liegt auf dem östlichen Teil des langgezogenen Höhenrückens der Insel Ærø bevor sich die Landschaft zum Gråsten Nor hin absenkt. 1398 als Duncker zum ersten Mal schriftlich belegt, lebten an dem Ort im 18. Jahrhundert in erster Linie Arbeiter der Ziegelei. Daher gibt es hier kaum landwirtschaftliche Betriebe. Auf eine ruhmreiche Geschichte blickt der **Dunkær Kro** zurück, der seit 1848 zum erlauchten Kreis königlich-privilegierter Landgasthäuser gehört. Hinter der alten Dorfschule befindet sich das ehemalige Armenhaus. Im **Dunkær Mark** südlich des Dorfes, das bei Vejsnæs Nakke das Meer erreicht und damit den südlichsten Punkt der Insel markiert, sind noch einige Hünengräber zu sehen. So auf Lindsbjerg Høje, dem mit 40 Meter höchsten Flecken der Gegend. Man muss nicht den großen, obenliegenden Felsblock erklimmen, um von hier aus eine wunderbare Rundumsicht zu genießen. An **Vejsnæs Nakke** sind, umgeben von einer uralten Wallanlage, die nachempfundenen, da nicht eindeutig belegbaren, Grundrisse der Sct. Alberts Kirche zu erkennen.

Übernachten: Dunkær Kro, Dunkærvej 1, DK-5970 Ærøskøbing, Tel. 0045 (0) 62 52 15 54, dunkaer-kro@mail.dk. Gemütlicher kleiner Landgasthof im Stile eines charmanten dänischen Krugs mit eigenem, rustikalen Restaurant und schönem Garten. Drei Doppelzimmer und ein Einzelzimmer verfügbar. Die alte Mühle des Dorfes wurde zu einem gemütlichen Ferienhaus umgebaut. Buchbar über die Fremdenverkehrsbüros.

Havgaarden B&B, Skovbrynke 2, DK-5970 Ærøskøbing, Tel. 0045 (0) 20 12 62 50/30 55 08 85, keld-a@post6.tele.dk, www.net-bb.dk (H-64),

Dextergaard Bed & Breakfast, Østermarksvej 20, DK-5970 Ærøskøbing, Tel. 0045 (0) 23 26 11 38, seaviewfarmhouse@gmail.com, www.dextergaard.com.

Holmegaarden, B&B, v. Vivi og Frank Jørgensen, Ryggerholmevej 1, DK-5970 Ærøskøbing, Tel. 0045 (0) 51 84 65 66, info@holmegaarden.eu, www.holmegaarden.eu.

Ruhetgaard Ferienwohnung Bed & Kitchen, B&B, Ellemosevej 2, DK-5970 Ærøskøbing, Tel. 0045 (0) 61 35 35 81 / 62 52 23 82, www.ruhetgaard.dk

Guesthouse Harmoni, B&B, Vejsnæs 2, DK-5970 Ærøskøbing, Tel. 0045 (0) 67 75 48 84, www.sundhedsklinikken-aeroe.dk , sundhed-aeroe@

Steinkreis aus Vorzeiten (oben) und einladende Gastlichkeit im Dorfkrug von Dunkær (unten).

Dunkær Kro
Kro

Eine spannende Entdeckung für die ganze Familie: Die Begehung der Kragnæs Jættestue

Kragnæs

Nur wenige Häuser umfasst der kleine Weiler Kragnæs, der nördlich des trockengelegten Sumpfgebietes von Gråsten Nor an der Küste liegt. Das Dorf **Ommel** befindet sich in Sichtweite gleich gegenüber auf der anderen Seite des Kleven-Sundes. Kragnæs besaß vom Ende des 17.J ahrhunderts bis zum Bau eines Dammes im Jahr 1856 einen Fähranleger und einen Hafen. Beides war danach nicht mehr von Nutzen, dennoch zeugt noch heute der **Fährhof (Færgegård)** von dieser Zeit. Damals teilte die Bucht die Insel in eine größere westliche und eine kleinere östliche Hälfte. Dem Damm vorgelagert liegt das winzige Eiland **Nørreholm**, das gerne von Wasser- und Watvögeln als Rast- und Ruheplatz genutzt wird.

Bei Kragnaes wurden nicht weniger als 16 **Ganggräber** aus neolithischer Zeit entdeckt, von denen die jüngste, Kragnæs Jættestue, auch besichtigt werden kann. Der dunkle, von mächtigen Steinblöcken umschlossene begehbare Raum misst etwa 15 Quadratmeter. Wissenschaftliche Untersuchungen lassen darauf schließen, dass die

Grabstätte, die keinerlei Knochenreste aufwies, für gut 800 Jahre in Gebrauch war. Bei der Erkundung gilt es den Kopf einzuziehen und in gebückter Haltung das steinerne Monument zu erforschen. Auch eine Taschenlampe ist hilfreich.

Übernachten: Kragnæs Camping, Færgegårdsvej 13, Kragnæs, DK-5960 Marstal, Tel. 0045 (0) 27 20 18 12. Sehr einfacher Zeltplatz nahe des alten Hafens.

Bed & Breakfast Kragnæs, Færgevej 66, Kragnæs, DK-5960 Marstal, Tel. 0045 (0) 28 73 27 37, thomas_lind900@hotmail.com

Leby

Der kleine Ort liegt an der Hauptstraße zwischen Bregninge und Søby und konnte sich einiges von seiner früheren, bäuerlichen Struktur bewahren. Dazu gehören viele, vorbildlich erhaltene Fachwerkhäuser mit Strohdächern. Westlich hiervon befindet sich der aus nur wenigen Gebäuden bestehende Weiler Vitsø, direkt an der Nordwestküste Ærøs gelegen und markiert mit der Niederung **Vitsø Nor** den flacheren Teil der der Ostseeküste Schleswig-Holsteins zugewandten Seite der Insel. Vitsø könnte, so vermuten Historiker, ebenfalls einstmals die

Maritime Stimmung lässt sich auch in Kragnæs erleben.

LINDELY

Stadt Wysbye gewesen sein, ein Status, der auch Ærøskøbing zugeschrieben wird. Die flache Seefläche des Nor endet an der Wallanlage von Søbygaard und war zu Zeiten von König Niels im beginnenden 12. Jahrhundert wohl der Festungshafen.

Übernachten: Albertslykke B&B und Ferienwohnung, Elsebeth & Peder Pedersen, Albertslykke 8, Leby, DK-5985 Søby, Tel. 0045 (0) 62 58 10 44, www.albertslykke.dk.
Skinner`s B&B, Godthåb 13 , Leby, DK-5985 Søby, Tel. 0045 (0) 63 52 70 11, teamskinners@gmail.com, www.skinnersbb.dk.
Edel & Kaj Kristensen, B&B, Godthåb 5 , Leby, DK-5985 Søby, Tel. 0045 (0) 62 58 17 81, www.godthaab5.dk.
Godthåb Nr.9, B&B, Leby, DK-5985 Søby, Tel. 0045 (0) 63 52 70 33, jette.selmer@yahoo.dk

Marstal

Die See und der Schiffsbau waren ausschlaggebend für die einstige, große Bedeutung des heutigen 2.400 Seelen Ortes Marstal, der größten Ansiedlung ganz im Osten auf der Insel Ærø. Erstmals urkundlich erwähnt wird ein Weiler namens Mærstal im Jahr 1514. Er zählte gerade einmal sieben Einwohner. Historisch begründet sich der Name vermutlich auf einen, einem fürstlichen Anwesen zugehörigen Pferdestall, der im Mittelalter an dieser Stelle gelegen haben soll. Eine langgestreckte, bogenförmige Landzunge, **Eriks Hale**, umschmiegt die dem Meer zugewandte, und damit im Windschatten liegende Seite Marstals und beschützt das ausgedehnte Hafenbecken der Stadt. Schiffe konnten hier problemlos anlanden sowie ihre Waren abliefern und aufnehmen. Zudem fungierte es als Zuflucht vor stürmischen Wetterverhältnissen und aufgewühlter See.

So verwundert es nicht, dass die Fischerei zum wichtigsten Wirtschaftszweig gedieh und Lebensgrundlage für die stetig, jedoch zunächst nur langsam zunehmende Bevölkerung wurde. Anfang des 18. Jahrhunderts bekam das Dorf seine erste Kirche, den Turm dazu allerdings erst 1920, zur Wiedereingliederung von Südjütland zu Dänemark, und um 1780 lebten im Ort bereits 760 Menschen. Mit dem Ausbau des Hafens, der Anlage einer befestigten Mole auf Eriks Hale, begann eine goldene Ära für Marstal. Schiffe wurden gebaut, die sich auf Grund ihrer hohen Qualität und Zuverlässigkeit sehr schnell

Fachwerkromantik mit Strohdach in Leby.

weltweiter Nachfrage erfreuten. Die stolze Fahne Marstals war auf allen Weltmeeren zuhause. Das maritime Boom-Town Marstal verfügte daher 1835 bereits über eine etwa identische Einwohnerzahl wie heute. 1861 erlangte die Stadt dann den Status eines anerkannten Kaufmanns- und Handelsplatzes.

Die Stadt wuchs nun recht unstrukturiert um den Hafen herum. Jede Familie besaß ihr eigenes kleines Haus in den zahlreicher werdenden, verstreut liegenden Gassen. Fischer, Seeleute und Werftarbeiter benötigten nur kurze Wege über das holperige Kopfsteinpflaster zu ihren Arbeitsstätten. Größere Bürgerhäuser neu angesiedelter Reeder folgten etwas später. Sie ähneln in ihrer Backsteinarchitektur stilistisch den Gebäuden, die von Norddeutschland, der Region Schleswig und Südjütland bekannt sind. Eine auch heute noch stark beachtete Seefahrtsschule schließlich sorgte ebenso für eine stabile Bevölkerungszahl. Allerdings war ihre Existenz ebenfalls gefährdet und nur durch ein energisches und letztlich erfolgreiches Bürgerbegehren im Jahr 2000 konnte sie vor der Schließung bewahrt werden. In der Seefahrtsschule bildet die dänische Handelsmarine traditionell ihre Navigationsoffiziere aus.

Nach 1864 florierte der Schiffsbau über alle Maßen. Verschiedene Bootstypen mit charakteristischen Merkmalen verließen die zahlreichen Werften, die sich im Hafen niedergelassen hatten. Basierend auf dem Einmaster vom Typ Jagt, liefen alsbald größere Zweimaster in Form der Galeasen vom Stapel und ab 1880 kamen dann sogar Dreimaster dazu. Doch die Blütezeit währte nicht sehr lange. Im Bau von Segelschiffen herrschte nämlich schlagartig Flaute als neue, revolutionierende Dampfschiffe mit stählernen Rümpfen auf den Markt drängten und mit ihrer zukunftweisenden Technologie nicht nur den stolzen Marstaler Schonern im wahrsten Wortsinn den Wind aus den Segeln nahmen.

Marstal hatte zudem unter den Krisenjahren des späten 20. Jahrhunderts zu leiden. Viele Werften mussten schließen, endgültig die Schotten dicht machen, die Fischerei spielte sowieso schon längst eine untergeordnete Rolle. Gleichwohl sind im Hafen immer noch die Männer im Blaumann zu beobachten, die zwischen den roten Holzhäuschen mit voller Inbrunst ihre Netze reparieren. Glücklicherweise konnte

Dänischer geht es kaum:: Eriks Hale in Marstal.

der Tourismus den wirtschaftlichen Niedergang abschwächen. Yachten aller Dimensionen dominieren seither die große Marina von Marstal. Statt neue Schiffe zu bauen, verlagerten die wenigen, noch verbliebenen Werften ihre Aktivitäten auf das Reparieren von Wasserfahrzeugen. Das Dänische Nationalmuseum vergab den Auftrag der Restaurierung des historischen Zweimast-Schoners Bonavista nach Marstal. Diese Arbeiten wurden im Frühjahr 2012 abgeschlossen und das Schiff wurde an Pfingsten wieder feierlich zu Wasser gelassen, jedoch noch ohne Mast und Aufbauten.

Auch Marstal kennt wie Bregninge die Tradition der Verkleidung und Masken am Drei-Königstag, jedoch gibt sich der Maskierte am Ende seines Besuchs zu erkennen.

Sehenswert: Die große maritime Tradition der Stadt spiegelt sich in den Exponaten, Ausstellungen und Räumlichkeiten des **Søfartsmuseums** vis-a-vis des Hafens wider. Zu sehen sind zahlreiche Modelle, Flaschenschiffe, aber auch viele Originalteile von Schiffen, die Werkstatt eines Segelmachers, die ruhmreiche Geschichte des Fährverkehrs oder die eindrucksvolle Gemäldesammlung des Dänen Rasmussen vom Anfang des 19. Jahrhunderts. Ein Werk dieses Malers ist das Altarbild in der Kirche. Dokumentiert ist zudem die Geschichte des Schiffsbaus (Prinsensgade 1, DK-5960 Marstal, Tel. 0045 (0) 62 53 23 31, www.marstal-maritime-museum.dk). Die Marstal Kirche stammt aus dem Jahr 1738 und bekam nach einigen Erweiterungen erst 1920 einen Turm. In den kleinen Gassen rund um den Hafen stehen viel niedliche, windschiefe Fachwerkhäuser mit winzigen Fenstern und oft herrschaftlichen Eingangstüren.

Zu den mobilen Exponaten des Seefahrtsmuseums zählt das traditionelle, stählerne Frachtschiff M/S Samka, das 1956 in der H.C. Christensen Werft in Marstal vom Stapel gelaufen ist, finanziert durch amerikanische Aufbauhilfen, und das heute für maritime Ausflüge und Rundfahrten mit maximal zwölf Personen sowie für kleine Veranstaltungen im Hafen eingesetzt wird.

Dem Schriftsteller Carsten Jensen, der mit seiner erfolgreichen Novelle **Die Ertrunkenen** von 2008 die Seefahrtshistorie Marstals sehr authentisch und lebensnah beleuchtet und weithin bekannt gemacht hat, kann ebenfalls nachgespürt und seine Handlungsschauplätze aufgesucht werden

Fischerboot in Marstal.

SG 94

Auf der kleinen Insel **Frederiksø**, die unmittelbar an die Hafenmole Eriks Hale angrenzt, befindet sich mit dem Kalkofen das Wahrzeichen Marstals, das ein klein wenig an eine Bornholmer Räucherei erinnert. Am flachen Strand von Eriks Hale stehen einige bunte Badehäuschen, die schon seit Generationen in Familienbesitz sind und um 1900 dort errichtet wurden.
Etwas oberhalb des Ortes liegt die wichtigste Sehenswürdigkeit der Neuzeit: die größte Solarthermieanlage der Welt auf einer Insel, die derzeit gut 30 Prozent des Fernwärmebedarfs von Marstal abdeckt und noch erweitert wird. Sie ist eine fundamentale Säule Ærøs beim Bestreben nach einer vollständigen Versorgung der Insel durch erneuerbare Energien (Skolevej 15, DK-5960 Marstal, Tel. 0045 (0) 62 53 15 64).

Information: Turistinformation Marstal, Havnegade 5, DK-5960 Marstal, Tel. 0045 (0) 62 52 13 00, post@arre.dk, www.aeroe.dk

Übernachten: Ærø Hotel/Skipperbyen Marstal, Egehovedvej 4, DK-5960 Marstal, Tel. 0045 (0) 62 53 33 20, info@aeroehotel.dk, www.aeroehotel.dk. Das größte Hotel auf der Insel verfügt über 80 Doppelzimmer und 20 Familienzimmer sowie ein stilvolles Restaurant. Es eignet sich sehr gut für Gruppen.

Hotel Marstal, Dronningestræde 1A, DK-5960 Marstal, hotel@hotelmarstal.dk, www.hotelmarstal.dk. Tel. 0045 (0) 62 53 13 52, Familienhotel am Fährhafen, 18 Zimmer, davon zwölf en-Suite, Restaurant,

Danhostel Marstal, Femmasteren, Færgestræde 29, DK-5960 Marstal, Tel. 0045/62/533950, danhostel@marstal.dk, www.marstalvandrerhjem.dk. Das Danhostel Marstal liegt zentral in der Nähe des Hafens von Marstal, des Strandes, des Waldes und der Einkaufsmöglichkeiten. Familienzimmer für bis zu fünf Personen.

Marstal Camping, Egehovedvej 1, DK-5960 Marstal, Tel. 0045 62 52 63 69, marstal.camping@mail.tele.dk, www.marstalcamping.dk Sehr familienfreundlicher Campingplatz mit guter Ausstattung in Strandnähe, mit elf modernen und traditionellen Hütten für vier bis sechs Personen, viele Stellplätze, zwei Spielplätze und ein Fussballfeld, ganzjährig geöffnet,

Romantisches Ensemble am Møllevejen in Marstal.

Kimberleys Minde, Økologisk Bed & Breakfast, Trousløkkevej 9, DK-5960 Marstal, Tel. 0045 (0) 24 43 55 80, bb@kimberleysminde.dk, www.kimberleysminde.dk.

Marstal Country House, Trousløkkevej 8, DK-5960 Marstal, Tel. 0045 (0) 61 39 73 29, www.marstalcountryhouse.dk.

Marstal Bed & Breakfast, Ronæsvej 7, DK-5960 Marstal, Tel. 0045 (0) 24 25 85 37, nanlinstow@mail.dk, www.marstal.blogspot.com.
Nostalgi B&B, Hos Anne-Marie, Sølvgade 9, DK-5960 Marstal, Tel. 0045 (0) 22 99 83 84 , www.hosanne-marie.dk, Marstal@hosanne-marie.dk

Fiskerhus, Ferienhaus, Søndergade 16, DK-5960 Marstal, Tel. 0045 (0) 31 13 20 18, pernille@arends.dk

Ferienhaus, Familie Lykke Hansen, Ærøgade 2, DK-5960 Marstal, Tel. 0045 (0) 86 53 13 68, www.gittelykke.odderweb.dk

Essen und Trinken: Kongensgade 34 Restaurant, Cafe & Delikatesse, Kongensgade 34, DK-5960 Marstal, Tel. 0045 (0) 62 53 37 34, www.kongensgade34.dk, k34@kongensgade34.dk

Baden, Schlendern, Urlauben: Eriks Hale in Marstal lädt dazu ein.

Zahlreiche Exponate erwarten die Besucher im Marstal Sjøfartsmuseum.

Hotel Marstal, Dronningestræde 1 A, DK-5960 Marstal, Tel. 0045 (0) 62 53 13 52, www.hotelmarstal.dk.

Restaurant Fru Berg, Havnepladsen 6, DK-5960 Marstal, Tel. 0045 (0) 32 63 56 57. www.bergsrestauranter.dk

Den Gamle Vingaard, Skolegade 15, DK-5960 Marstal, Tel. 0045 (0) 62 53 13 25.

China House, Kirkestræde 5-7, DK-5960 Marstal, Tel. 0045 (0) 62 53 25 62, www.chinahouse-marstal.dk.

Minde, Kongensgade 13, DK-5960 Marstal, Tel. 0045 (0) 62 53 15 26.

Rebeccas Corner, Prinsensgade 32, DK-5960 Marstal, Tel. 0045 (0) 24 93 28 00.

Vaffelbageriet, Kirkestræde 19, DK-5960 Marstal, Tel. 0045 (0) 24 93 28 00.

Pronto Pizza, Kongensgade DK-5960 Marstal, Tel. 0045 (0) 23106517.

Den Lille Cafe, Kirkestræde, DK-5960 Marstal, Tel. 0045 (0) 30 60 31 34.

STRANDBYEN
HAVN

Smageriet, Kirkestræde 6, DK-5960 Marstal, Tel. 0045 (0) 62 53 37 34, www.smageriet-aeroe.dk, info@smageriet-aeroe.dk

Restaurant Edith, Kirkestræde 8, DK-5960 Marstal, Tel. 0045 (0) 62 25 25 69, www.restaurantedith.dk, info@restaurantedith.dk, nur auf Vorbestellung

Diskothek: Miss Sophy, Nightclub ab 18 Jahre, nur freitags und samstags, Møllergade 21, DK-5960 Marstal, Tel. 0045 (0) 62 53 21 12

Marstal Marina: 54° 51,2' N 10° 31,3' E, auch für tiefgehende Yachten geeignet, Einfahrt sehr lang, aber relativ schmal, Bojen unbedingt beachten, da recht viele Untiefen außerhalb des vorgeschriebenen Fahrwassers.

Ommel

Nordwestlich von Marstal liegt das Örtchen Ommel mit etwa 300 Einwohnern, das gleich zwei Häfen besitzt. In der geschützten Kleven-Bucht und Strandby zum Meer hin. Nördlich des Dorfes erstreckt sich die flache Halbinsel Ommelshoved, während in Sichtweite das unbewohnte Inselchen Halmø aus dem blauen Wasser aufragt.

Das Dorf Ommel taucht erst 1486 in

Ommel nennt sich die Strandstadt.

Urkunden auf und die Bevölkerung begann im späten 17. Jahrhundert zaghaft mit dem Schiffsbau, wurde aber alsbald von Marstal ökonomisch verdrängt. Trotzdem blieb das Dorf Heimstatt sowohl für Bauern wie für Seeleute. Im Hafen von Kleven, hier legten die Fährschiffe von Kragnæs an, waren zu Beginn des 19. Jahrhunderts 37 Schiffe registriert, worauf die Küstenschiffer die Hafenanlagen baulich erweiterten und sich die Zahl der Boote auf 60 erhöhen konnte. Vor 50 Jahren endete der wirtschaftliche Betrieb des Ankerplatzes, der seither für Yachten und Freizeitschiffer genutzt wird. Kleine Fischerhütten und Netze sowie Reusen zum Trocknen auf einfachen, hölzernen Gestellen zeugen heute noch von in geringem Umfang betriebener Küstenfischerei.

Das **Bethania-Haus**, das Missionsheim Ommels, wurde 1890 errichtet und ist heute in Privatbesitz. Etwas außerhalb auf dem Weg nach Kragnæs liegt die noch recht junge **Ommel Kirche** ganz aus rotem Ziegelstein errichtet und 1892 fertiggestellt. Das äußerlich eher nüchterne Gotteshaus weist in seinem Inneren eine Besonderheit auf: die schwere Stahlglocke aus einer Bochumer Giesserei und wurde speziell für diesen Kirchenbau angefertigt.

Übernachten: B&B, Jane Petersen, Vesterskovsvej 33, Ommelshoved , Ommel, DK-5960 Marstal, Tel. 0045 (0) 28 63 72 47. www.arre.dk/vestergaard.aspx, post@arre.dk.
Ferienhaus Pers Bro 1, Ommel, DK-5960 Marstal, Tel. 0045 (0) 86 93 74 28 /27 21 74 28, www.aeroferiehus.dk/, n.asger@gmail.com.
Ferienhaus Ommel, Ommel, DK-5960 Marstal, Tel. 0045 (0) 86 84 56 24 oder 28 45 54 02, www.ferienwohnung.dk/0sj/5624f/5624da.htm, rasmor23@rasmor.dk.
Sommerhuset Rosen, Jytte Gaardsted, Ommel, DK-5960 Marstal, Tel. 0045 (0) 86 84 56 24 oder 0045 (0) 28 45 54 02, www.rasmor.dk/rosen/rosen/Forside.html, rasmor23@rasmor.dk.
Ferienhaus Hovedgaarden 27, Ommel, DK-5960 Marstal, Tel. 0045 (0) 65 31 38 73 oder 0045 (0) 20 21 28 73, www.sommerhus.netai.net/public_html/sider/d-001.html, s_lunde@mail.tele.dk.

Essen und Trinken: Ommel Kro, Krovejen ,Ommel, DK-5960 Marstal, Tel. 0045 (0) 62 53 11 07, www.ommelkro.dk/, mail@ommelkro.dk, Typisch dänische Speisen finden sich auf der Karte des gemütlichen Gasthauses.

Rise

Oberhalb der Niederung Gråsten Nor liegt die kleine Gemeinde Rise, die selbst noch in die Dörfer Lille und Store Rise aufgeteilt ist. Von Lille Rise aus setzten die Bauern in früheren Zeiten auf die andere Seite des Sundes über, um nach Marstal zu gelangen. Gleichzeitig nutzten sie die Lage am Wasser auch dazu, um neben ihrer landwirtschaftlichen Tätigkeit ein wenig Fischerei für den Hausgebrauch zu betreiben. Seit dem Dammbau bei Kragnæs war dies nicht mehr möglich. Dennoch gedieh die Gemeinde zum Ende des 19. Jahrhunderts zur Größten der Insel. Der dänische Staat begann hier in kleinem Umfang mit der Wiederaufforstung, da Ærø einst, wie die meisten anderen Inseln dieser Region, zur Gänze kahlgeschlagen war. Die trutzige weiße Dorfkirche stammt in ihren Ursprüngen aus dem 12. Jahrhundert.

Auch in Rise wurde eine thermische Solaranlage für die Gewinnung von Fernwärme installiert. Weit über Dänemarks Grenzen hinaus bekannt ist der kleine Ort mittlerweile durch seine kreative Mikrobrauerei, die sehr ökologisch ausgerichtet ist und

Blumenkind in Store Rise.

neben dem Standardprogramm um den Rise Grolle auch einige hochwertige Spezialbiere anbietet. Gebraut wird mit dem Wasser aus einer nahen Quelle.

Schon in den 1920er Jahren gab es in der ehemaligen Meierei einen Brauereibetrieb. Das vieldeutige Logo der Brauerei zieren ein Löwe und ein Spatz. Deren Vorbild befindet sich in einem Relief im Gemäuer der Rise Kirche über einem ehemaligen Türeingang. Allerdings bedarf es einiger Phantasie und Einbildungskraft, die gewünschten Tiere zu erkennen. Etwas außerhalb liegt die alte Thingstätte von Store Rise, auf der sich auch ein Ganggrab befindet.

Übernachten: Carlsminde Bed & Breakfast, Risemarksvej 3, St. Rise, DK- 5970 Ærøskøbing, Tel. 0045 (0) 62 52 21 80, ztole@hotmail.com, www.carlsminde-ferie.dk.

Ferienhaus Den Charmerende Villa, Jennifer & Erik Poulsen, Groennaesvej 8, Lille Rise, DK- 5970 Ærøskøbing, Tel 0045 (0) 62 52 10 67, booking@villavillavista.dk, www.villavillavista.dk/deutch%20property%20page2.html.

Kondrups Hus, B&B, v. Ulla de Frey,

Inseleigenes Bier, hergestellt in Rise.

Altarbild in der Kirche von Sotre Rise.

Thorupvej 22, DK-5970 Ærøskøbing, Tel. 0045 (0) 38 87 33 18, www.net-bb.dk (H-62), ulladefrey@besked.com.

Einfacher Zeltplatz an der Landstraße zwischen Ærøskøbing und Marstal. DK-5970 Ærøskøbing, Adm. Fyns Statsskovdistrikt, Tel. 0045 (0) 62 65 17 77.

Skovby

Der Ortsname Skovby deutet auf die frühere Existenz eines Waldgebietes hin, das es an dieser Stelle einmal gegeben haben dürfte. Die Geschichte des Dörfchens zwischen Bregninge und Søby reicht zurück bis ins frühe Mittelalter. Erst 1994 fand man ein Relikt aus dieser Zeit, einen Stein mit der kurzen Inschrift PN, den sogenannten Skovbystenen, der heute am Ortseingang zusammen mit einem bronzezeitlichen Runenstein von Blakstens Odde aufgestellt ist. Viele alte, hübsch und authentisch restaurierte Fachwerkgebäude, oft noch mit Strohdach, schaffen einen gemütlichen Ortseindruck. Obwohl viele Künstler und junge Familien hier leben, gibt es leider keine Einkaufsmöglichkeiten mehr. Der dänische Verfasser der großen natur- und kulturhistorischen Abhandlung über die Inseln Dänemark (De danske Øer) aus den 1920er Jahren, Achton Friis, bezeichnete in dem Kapitel über die südfünische Inselwelt die Landschaft um Skovby als eine der schönsten, die er gesehen hatte. Bestätigt wird dies durch die Bilder und Zeichnungen von Johannes Larsen, der Friis auf seinen Segelreisen an Bord des Schoners Rylen begleitete.

Übernachten: Bakkehuset B&B, Mogens Theisberg, Øverste Skovbymark 14, DK-5985 Søby, Tel 0045 (0) 62 58 12 36 oder 0045 (0) 27 59 12 36, www.bakkehuset-aeroe.dk.
Apartements Skovby Gamle Skole, Skovby, Skolevej 1, DK-5985 Søby, Tel 0045 (0) 62 52 28 58 oder 24 25 41 71, bullinger@live.dk, www.skovby-gamle-skole-aeroe.dk

Stokkeby

Nur wenige, verstreut liegende Häuser und Bauernhöfe umfasst die kleine Ansiedlung Stokkeby etwas östlich der Inselmitte, die erstmals Mitte des 15. Jahrhunderts erwähnt ist. Hier auf dem Höhenzug befinden sich historische Wegführungen und der vorzeitliche Richtplatz **Vorbjerg Galgebakke**, um den sich so manch düstere und grausige Geschichte rankt. Von diesem wie von den ehedem sieben dortigen Steinsetzungen ist nur noch wenig sichtbar. Dafür bietet sich von Lille Stokkeby aus eine herrliche Aussicht auf die nördlich gelegene Welt aus winzigen Inseln und Inselchen bis hinüber nach Fünen. Gleich vornean liegt das schmale **Lilleø**, das kaum zwei Meter aus dem Blau der Ostsee herausragt. Das Eiland ist in Privatbesitz und war sogar im Laufe des 19. Jahrhunderts eine Zeit lang bewohnt. Um Stokkeby beginnen die Alpen von Ærø mit der größten Höhenausdehnung von 68 Metern über Normalnull.

Søby

Als nördlichste Ortschaft Ærøs macht Søby den modernsten Eindruck und ist auch die jüngste von allen Städten der Insel. Gut 800 Menschen leben hier und die Industrie am Hafen mit Werften und der Fischereiflotte floriert wieder nach vielen mageren Jahren. Gleiches gilt für den mittlerweile wieder sehr regen Handel. Am Hafen, an dem sich das Leben und der Alltag Søbys in erster Linie abspielen, legen die Fährschiffe von Alsen bzw. Jütland sowie von Faaborg auf Fünen an.

1580 erbaute Hans der Jüngere, Herzog von Schleswig auf den

Fotografen lacht beim Anblick der malerischen Szenen oft das Gemüt - wie hier in Skovby.

Wallanlagen **Søby Volde** aus dem 12. Jahrhundert südöstlich des heutigen Ortes und oberhalb der Bucht von Vitsø den Herrensitz **Søbygaard**. Aber erst 150 Jahre später siedelten die ersten Seeleute und Fischer und bauten erste Häuser rund um den damals sehr primitiven Hafen, an dem 1846 wenigstens die Fährschiffe von Mommark auf Alsen anlegen konnten. Eine Befestigung und ein nachhaltiger Ausbau erfolgten erst danach, bis 1903 die Dampfschiffe von Faaborg kommend, festmachen konnten.

Die große, noch heute bestehende Werft von Søby nahm den Betrieb 1931 auf und gehört nun zu den wichtigsten Arbeitgebern der Insel. Seit Anfang des 21. Jahrhunderts macht die **Kunsthochschule Vestermøllegård** von sich reden. Sie entstand in den Gebäuden und Räumlichkeiten des alten, reetgedeckten Mühlenhofes von 1779 unterhalb der schön restaurierten **Vester Mølle** (www.kunstaeroe.dk). Hier finden Kunstevents, Ausstellungen, Sommer-Kurse und Seminare sowie weitere künstlerische Veranstaltungen statt. Seit einigen Jahren besitzt Ærø rund um den Leuchtturm von Skjoldnæs einen der schönst gelegenen Golfplätze Skandinaviens.

Sehenswert: Hauptsehenswürdigkeit ist der alte Herrensitz Søbygaard, der seit 1991 umfassend restauriert und wieder für die Öffentlichkeit zugänglich gemacht wurde. Erbaut 1580 vom Herzog Hans dem Jüngeren als Jagdschloss, nahm sich vor gut 20 Jahren eine Stiftung dem zwischenzeitlich verfallenen Gebäudekomplex an, der mit Fördergeldern und Spenden wiederhergestellt werden konnte. Søbygaard steht unter der Schirmherrschaft des dänischen Prinzen Joachim und besitzt mit der Weißen Dame sogar einen Hausgeist. Der zugehörige Mythos rankt sich um eine Bedienstete des Jagdgutes und deren Schwangerschaft, die mit dem Hausherrn in Verbindung gebracht wurde. Um allen Unannehmlichkeiten zu entgehen ließ man das arme Mädchen im Gewölbekeller lebendig einmauern, den genauen Standort dieses höchst unrühmlichen Geschehnisses konnte man bis dato nicht ermitteln (Søbygaardsvej, DK-5985 Søby, Tel. 0045 (0) 62 58 16 76, www.arremus.dk). Besichtigt werden können die ehemaligen Wirtschaftsgebäude, es gibt ein Café, einen Konzertsaal und ein Freilufttheater am ehemaligen Wallgraben sowie das für Familien sehr gut geeignete Aktivitäts- und Naturcenter **Kys Froen**, das speziell

Charmante Anblicke zu Wasser und zu Land bei Søby.

Kindern auf vielfache Weise einen guten Zugang zur Natur ermöglicht (www.kys-froen.dk).

In Søby selbst sind einige hübsche Fachwerkhäuser erhalten. Das älteste Gebäude ist die Kirche von 1745. Auf einer Anhöhe im Ort steht die strohgedeckte Holländer-Windmühle von 1881, die nach ihrer Renovierung zu einem wahren Schmuckstück und zum Aushängeschild für Søby geworden ist. Gleich nebenan lohnt ein Blick in die Kerzengießerei von Jørbæk Lys, die nun auch mit lokalen Produkten handelt (www.ærøshoppen.dk). In Sæberiet am Nørremarksvej können eine Seifensiederei und ein Hofladen mit ökologischen Produkten besichtigt werden (www.saeberiet.dk). Daneben locken außerdem die ökologischen Betriebe Biergaard am Søby Landevej 20 und Alotria am Øverste Skovbymark 16 mit einer Zucht seltener Schafrassen.

Nördlich von Søby am äußersten Zipfel der Insel Ærø ist die Halbinsel Skjoldnæs mit dem gleichnamigen, 32 Meter hohen **Leuchtturm Skjoldnæs Fyr** aus grauem Bornholmer Granitgestein, das während der hellen Tagesstunden gegen geringen Obolus besichtigt werden kann. Fertiggestellt 1884 mutet das Bauwerk des Schweden Ibsen ein wenig wie ein Festungsturm an. Seit einigen Jahren liegt hier der sehr schöne, weitestgehend vom Meer umgebene Golfplatz von Ærø (www.aeroegolf.dk).

Auf dem Weg zum Leuchtturm liegen diverse Betriebe und Ausstellungsräumlichkeiten von Kunsthandwerkern. Sehr sehenswert die Steinmetzarbeiten von Erik Hartwich in der Galerie Rusager kurz vor dem Weiler Haven, der teilweise auch Gestein von der Insel verarbeitet (www.rusager.com).

Südwestlich von Søby befindet sich das flache, in Teilen trocken gelegte Vitsø Nor, das bis 1600 schiffbar war. Hier steht mit der **Vitsø Mølle** die einzige, strohgedeckte holländische Pumpen-Windmühle Dänemarks, leider flügellos, die als kombinierte Wasser- und Windmühle zwischen 1883 und 1958 im Einsatz war.

Bei der Kunsthochschule schließlich residiert noch eine der ältesten Windmühlen Dänemarks überhaupt, die Vester Mølle aus dem Jahr 1834, die bis in die 1980er Jahre des letzten Jahrhunderts in Betrieb war und heute besichtigt werden kann.

Information: Turistinformation Søby, Havnen, DK-5985 Søby, Tel. 0045 (0) 62 52 13 00, post@arre.dk, www.aeroe.dk

Übernachten: Søbylyst Ferielej-

Der Herrensitz Søbygaard ist für die Öffentlichkeit zugänglich.

ligheder, 9 moderne Ferienwohnungen, Restaurant, Søbylyst Ferielejligheder, Østerbro, DK-5985 Søby, Tel. 0045 92 58 11 20, info@sobylyst.dk, www.sobylyst.dk.

Vitsø Kunst & Logi, B&B, Søby Landevej 18, DK-5985 Søby, Tel. 0045 (0) 57 80 20 46 / 22 53 99 35, kunstskole@nypost.dk. www.kunst-terapi.dk.

John & Lilian, B&B, Havnevejen 3, DK-5985 Søby, Tel. 0045 (0) 62 58 29 60, funkholms.aeroe@nypost.dk.

Hessellundgaard Ferienhaus, Winnie Keller Albrecht, Tel. 0045 (0) 62 58 24 05 /61 68 09 09, winrich2001@yahoo.dk. http://www.hessellundgaard.dk/index.html.

Ferienhaus Lille Villa, Søbymarksvej 3TV, DK-5985 Søby, Tel. 0045 (0) 36 98 19 19, 0049 (0) 172 283 96 54, info@visit-aeroe.dk

Søby Camping, Vitsø 10, DK-5985 Søby, Tel. 0045 (0) 62 58 14 70 soebycamping@mail.dk, www.soeby-camping.dk. Familienfreundlicher Platz in ruhiger Lage zwischen Wald und Strand, Angelmöglichkeiten, ganzjährig geöffnet. Anmeldung zwischen Oktober und Mai erforderlich.
Hans Aage Pedersen, Havnevejen

2, DK-5985 Søby, Tel. 0045 (0) 62 58 14 60, hansaage.pedersen@gmail.com. Einfacher Zeltplatz.

Essen und Trinken: Øens Grill & Spisehus, Lystbådehavnen, DK-5985 Søby, Tel. 0045 (0) 62 58 18 23 / 62 58 18 01, www.arrespisehus.dk

Søby Marina: 54° 56,6' N 10° 15,6' E, Einfahrt auch für größere Yachten problemlos möglich, es gilt auf den Fähr- und Werftverkehr zu achten, die Marina ist auch im Sommer selten voll belegt.

Tranderup

Gut 100 Bewohner zählt das kleine Bauerndorf an der Straße zwischen Vindeballe und Rise. Er wird dominiert von dem romanischen Kirchenbau dessen Grundzüge bis in die Zeit um 1300 zurückreichen. Der ungewöhnliche, neoklassizistische Turm wurde 1832 hinzugefügt. Im Inneren fallen der dreiflügelige Altar und die Wandmalereien im Chorbereich auf, die beide von etwa 1510 stammen. Nur unwesentlich, nämlich 50 Jahre jünger ist die immer noch in Gebrauch befindliche große Glocke. Bei Olde Mølle befindet sich ein Gedenkstein, der an

Die Kirche von Tranderup.

Die Wassermühle bei Vindeballe

eine historische Zusammenkunft erinnert, in welcher die Zugehörigkeit zur dänischen Krone besiegelt wurde. Nicht weit davon steht am Rastplatz die Friedensbank des jütischen Bildhauers Erik Brandt, die symbolisch Frieden und Hoffnung für die Welt darstellt.

Übernachten: B&B, Folmerhus, Holmvej 4, Tranderup, DK-5970 Ærøskøbing, Tel. 0045 (0) 41 69 10 27, www.syd-havet.dk

Vindeballe

Der Name des heute knapp 200-Seelen-Dorfes, das unmittelbar ins Nachbardorf Tranderup übergeht, deutet es an: Vindeballe wurde von den Wenden gegründet, mit denen sich die Insulaner während des Mittelalters heftige Fehden lieferten. Erstmals erwähnt 1533 als Windeballi. Es liegt etwa auf halbem Wege zwischen Marstal und Søby und besitzt mit dem **Vindeballe Kro** ein altes, traditionsreiches Gasthaus aus dem Jahre 1888. Von landwirtschaftlich geprägten Vindeballe aus ist die faszinierende Klippenküste um Voderup Klint leicht zu erreichen. Zwischen Bregninge und den langgezogenen Borgnæs Bucht nördlich von Vindeballe liegt der **Ærø Naturpark**, in dem u.a. seltene Nutztierrassen zu sehen sind (http://np.iddev.dk/pages/) sowie auch die einzige Wassermühle (vandmølle) Ærøs aus dem Jahre 1707, zumindest deren Wasserrad und der fröhlich sprudelnden Wasserlauf des Odderens Bæk. sind zu betrachten.

Übernachten: Vindeballe Kro, Vindeballevej 1, DK-5970 Ærøskøbing, Tel. 0045 (0) 62 52 16 13, mail@vindeballekro.dk, www.vindeballekro.dk/. Acht Doppelzimmer und zwei Einzelzimmer sowie ein gutes Restaurant. Ferienwohnungen
Bed & Nature, Nils & Maja Wenzel Ørum – Nielsen, Voderup 41, Voderup, DK-5970 Ærøskøbing, Tel. 0045 (0) 62 52 40 20, info@vesteraas.dk, www.vesteraas.dk.
Einfacher Zeltplatz in Voderup am Fahrradweg 91, Voderup, DK 5970 Ærøskøbing, Fyns Statsskovdistrikt, Tel. 0045 (0) 62 65 17 77.

Ærøskøbing

Für das kleine Städtchen mit heute knapp 1.000 Einwohnern lassen sich kaum wirklich zutreffende Beschreibungen finden: von putzig über charmant und romantisch bis hin zur Puppenstube Dänemarks und – besonders beliebt – zur Märchenstadt reicht die Palette der Formulierungen. Und alles stimmt. Gerade hier scheinen die idyllischen Szenerien, die verträumte Atmosphäre aus den eingangs erwähnten fantasiereichen Werken und Schriften des **Hans Christian Andersen** bis zum heutigen Tag weiter zu leben und sich stolz und aufrecht darzustellen wie der standhafte Zinnsoldat. Buckliges Kopfsteinpflaster, windschiefe, niedrige Fachwerkhäuser, die oft nicht ohne ein vorsichtiges Ducken des Kopfes zu betreten sind, dazu kleine Butzenfenster mit Spionen und meist sehr schön gestaltete Türen, üppige Malven und Stockrosen davor, die zuweilen die Höhe der Dachrinnen erreichen – das alles schafft einen tatsächlich märchenhaften Eindruck.

Niemand müsste sich hier verwundert die Augen reiben, sollte tatsächlich einmal ein fliegender Koffer über die ziegelroten Dächer dahinschweben. Insbesondere in den Stunden der Dämmerung, wenn hinter den kleinen, liebevoll dekorierten Fenstern der Häuser Lichter brennen und einen Blick in die gemütlichen Wohnstuben offenbaren, präsentiert sich Ærøskøbing von seiner malerischsten und stimmungsvollsten Seite. Spätestens jetzt wird jeder verstehen, was die Dänen unter ihrem nur un-

Blühende Hortensien vor Reetdachhaus in Voderup.

14

zureichend übersetzbaren Begriff hyggelig verstehen.

Geografisch betrachtet liegt Ærøskøbing etwa in der Mitte der Insel, ist nach Nordosten hin ausgerichtet, umgeben und geschützt von der weit geschwungenen Landzunge Urehoved im Nordwesten und der vorgelagerten Insel Dejrø mit ihrer charakteristischen windgegerbten Baumgruppe.

Die Geschichte des Ortes ist nicht genau geklärt. Bereits im 13. Jahrhundert soll die Besiedlung durch die Brandenburger begonnen haben. Die Anlage der Stadt weist sehr viele Parallelen zu Siedlungen im Brandenburgischen auf. Man vermutet hier, ohne dafür jedoch stichhaltigen Nachweis führen zu können, die historische Stadt Wysbye, da der Name Ærøskøbing (damals noch Aeroeskjöbing, Arroeskjöping) urkundlich erstmals erst um 1500 erwähnt wird, als Stadt und Insel dem Herzogtum Schleswig zugehörig waren. Das Jahr 1522 brachte der Kaufstadt (kjøbing) schließlich die Stadtrechte. Diese Rechte wurden durch die späteren Könige und Verwaltungsherren immer wieder bestätigt. 1629 vernichtete eine verheerende Feuersbrunst große Teile der Stadt, die jedoch recht schnell wieder aufgebaut werden und ihre Privilegien bewahren konnte. Während die Fischer und Seeleute ihre Häuser eher klein und bescheiden um den Hafen anlegten, errichteten die Kaufleute ihre etwas herrschaftlicheren Gebäude im etwas erhöhten Teil Ærøskøbings. Dort lag und liegt ebenfalls das Rathaus.

Nach den Schweden-Kriegen 1658 und 1659 verarmte die Insel zusehends. Durch Plünderung und Brandschatzung wurden vor allen Dingen die Bauernschaft in Mitleidenschaft gezogen und damit auch teilweise die Städte. Ærøskøbing war zwar immer noch privilegierter Handelsplatz, gleichzeitig aber auch die kleinste Stadt des gesamten Herzogtums. Trotzdem erfährt der Ort eine Aufwertung als 1702 das erste Kopfsteinpflaster in den Straßen verlegt wird, das heute zwar nicht mehr im Original erhalten ist, aber eine gute Portion zur idyllischen Atmosphäre beiträgt.

Die günstige Lage und Beschaffenheit des Hafens bedingte, dass Ærøskøbing seine Flotte weiter ausbauen konnte. Allerdings lief das für die Seefahrt günstiger gelegene Marstal der Stadt alsbald den Rang ab der Hafen wie die Einwohnerzahl

Altes Häuschen in der Nørregade von Ærøskøbing.

des Ortes im Osten der Insel wuchs in größerem Umfang. Ökonomisch mag dies damals für die Bevölkerung Ærøskøbings von Nachteil gewesen sein, jedoch würde sich die Stadt heute sonst wohl nicht so anmutig und romantisch ihren Gästen präsentieren können.

Im Herbst 1875 legte die erste Fähre aus Svendborg im Hafen von Ærøskøbing an. Damit begann ein neues Zeitalter in Transportwesen und Handel. 1931 erreichte sogar die Eisenbahn die Insel als Schienen und Gleise im Hafengebiet verlegt wurden. Güterwaggons kamen an Bord einer neuen Fährengeneration mit herüber. Statt Lokomotiven rangierten die Bahnbediensteten mit kräftigen Traktoren. Bis 1995 teilten sich PKWs und Waggons den voluminösen Bauch der Fähre Ærøsund, dann stellte man den offensichtlich unrentabel gewordenen Betrieb ein. Ein Güterwagen und einige Meter Schiene verblieben im Hafen. Der braune, geschlossene Bahnanhänger mit dem Logo der Dänischen Staatsbahn DSB beherbergte das wohl kleinste **Eisenbahnmuseum** der Welt, das anschaulich über die Geschichte eines der kürzesten Schienennetze der Welt informierte, aber aktuell keinen Betreiber hat und die Türen damit vorerst verschlossen sind.

Ein klein wenig Karneval feiern die Bürger der Stadt am Faschingstag (fastelavn), wenn sie verkleidet und in Maskerade durch die Straßen ziehen. Die Kinder am Tag, die Erwachsenen des Abends. Es hat sehr viel Parallelen und Ähnlichkeit zu den Drei-Königs-Maskierungen von Bregninge.
Letztlich macht sich Ærøskøbing in den letzten Jahren als Heiratsmekka einen Namen, da die behördlichen Formalitäten hier höchst unkompliziert sind und der Rahmen für Verliebte einfach nur himmlisch schön ist.

Sehenswert: Bei der Anreise mit der Fähre von Svendborg aus sind kurz vor Einfahrt in den Hafen in westlicher Richtung die kleinen, farbenfrohen Badehäuser aufgereiht wie eine Perlenschnur am **Vester Strand** zu erkennen. Sie stammen etwa von der vorletzten Jahrhundertwende und werden von den Eigentümerfamilien liebevoll in Stand gehalten. Nach dem Verlassen der Fähre taucht man unvermittelt in das romantische Städtchen ein, dessen Kern unter Denkmalschutz steht. Die Farben der Häuser wie

Ærøskøbing. lädt mit seinen netten Gassen zum Bummeln ein.

HOTEL
SOFT-ICE
Frohna
Hotel
Menu

ANDELEN

ANTIK
ÆRØSKØBING

die Wahl der Dachschindeln sind vorgegeben, um den historischen Charakter zu bewahren. Beliebtes Fotomotiv ist das Dukkehuset in der Smedegade mit seiner schiefen Fachwerkfassade und der niedrigen Tür. Älteste Gebäude sind das Priors Hus von 1690 und das Kjøbinghus von 1645 in der Søndergade. Die beiden urigen Pumpen auf dem Torvet waren bis 1952 in Betrieb. An der Stelle, wo heute mitten auf dem Platz die Autos parken, befand sich früher das Rathaus der Stadt. Dahinter liegt die Stadtkirche, die auf das Jahr 1756 zurückgeht.

Im Ærø Museum an der Brogade, das einst das Wohngebäude eines Landvogtes aus dem 18. Jahrhundert war, bekommt der Besucher einen guten Einblick in die Inselgeschichte und die kulturelle und bürgerliche Vergangenheit der Stadt. Der Museumsgarten im Innenhof hat eine Anlage wie zur Zeit um 1920 (Brogade 3-5, DK-5970 Ærøskøbing, Tel. 0045 (0) 62 52 29 50, www.arremus.dk). Hammerichs Hus bewahrt und zeigt die umfangreiche und liebevoll von ihm selbst katalogisierte Sammlung des Künstlers Gunnar Hammerich u.a. an Kacheln, Dekorationsartikeln und Antiquitäten (Gyden 22, DK-5970 Ærøskøbing, Tel. 0045 (0) 62 52 29 50, www.arremus.dk). Früher einmal war es das Armenhaus der Stadt, heute ist es eines der ungewöhnlichsten Museen überhaupt: Flaske-Peters Sammlung, die aus über 1.700 Flaschenschiffen besteht Kunstvolle Miniaturdioramen in großen und sehr kleinen Flaschen versetzen den Besucher in schlichtes Erstaunen. In einem weiteren Abschnitt des Gebäudes ist das Sygehusmuseum (Krankenhausmuseum) untergebracht (Smedegade 22, DK-5970 Ærøskøbing, Tel. 0045 (0) 62 52 29 51, www.arremus.dk). In den Sommermonaten macht ein Nachtwächter die Runde, der aus der Stadtgeschichte erzählt (Tel. 0045 (0) 62 58 17 57/ 40 40 60 13).

Etwas oberhalb der Stadt liegt die Ærøskøbing Windmühle von der eine wunderbare Aussicht über den Ort und die Inselwelt möglich ist. In der östlichen Ecke an der Mole des Yachthafens schließlich steht das Kochhaus, eine früher übliche Einrichtung in Häfen, da auf den Holzschiffen kein Feuer erlaubt war und deshalb in diesem kleinen Gebäude gekocht werden musste. Heute ein beliebter Grillplatz für die Segler. Der Schoner Fylla, ein schwimmendes Schullandheim, liegt während des Sommers im Hafen und startet von hier aus seine Kreuzfahrten durch das südfünische Inselmeer (Smedevejen 15, DK-5970 Ærøskøbing, Tel.

In Ærøskøbing bietet ein Antikgeschäft an der Vestergade schönes Altes zum Verkauf an.

0045 (0) 62 52 12 22, www.skonnertenfylla.dk).

Information: Turistinformation Ærøskøbing, Havnen 4, DK-5970 Ærøskøbing, Tel. 0045 (0) 62 52 13 00, post@arre.dk, www.aeroe.dk

Übernachten: Hotel Ærøhus, Vestergade 38, DK-5970 Ærøskøbing, Tel. 0045 (0) 62 52 10 03, mail@aeroehus.dk, www.aeroehus.dk. Das Hotel aus dem 17. Jahrhundert liegt mitten im idyllischen Stadtkern von Ærøskøbing. Das gemütliche und historische Haus ist umgeben von einem hübschen Garten mit altem Baumbestand und verfügt über 30 komfortable Zimmer von hohem Standard, fünf Appartements im Garten und ein ausgezeichnetes Restaurant. Nur wenige Gehminuten vom Strand entfernt. Ganzjährig geöffnet.

Det Lillie Hotel, Smedegade 33, DK-5970 Ærøskøbing, Tel. 0045 (0) 62 52 23 00, mail@det-lille-hotel.dk, www.det-lille-hotel.dk. Das Kleine Hotel befindet sich in einer der charmanten Gassen von Ærøskøbing. Insgesamt sechs gemütliche Zimmer stehen im familiär geführten Haus zur Verfügung. Das gute Restaurant kann bis zu 50 Personen aufnehmen, zusätzlich gibt es eine nette Terrasse mit Blick über Hafen und Meer. Ganzjährig geöffnet. Einmal im Jahr wird Klippfisch serviert (Februar/März). Strandskoven am Vester Strand steht für größere und festliche Veranstaltungen zur Verfügung.

Badehotel Ærø, Brogade 1, DK-5970 Ærøskøbing, Tel. 0045 (0) 42 50 00 05, www.badehotel-aeroe.dk, info@badehotel-aeroe.dk. Kleines Haus mit 28 Zimmern in den Räumlichkeiten der ehemaligen Volkshochschule.

Pension, Vestergade 44, DK-5970 Ærøskøbing, Tel. 0045 (0) 62 52 22 98, contact@vestergade44.com, www.vestergade44.com. Die Pension Vestergade 44 ist ein stolzes, ehemaliges Kapitänshaus an der zum Hafen führenden Hauptstraße im Zentrum des Ortes. Erbaut im Jahr 1784 wohnte hier auch einmal der bekannte Bildhauer Gunnar Hammerich.

Guesthouse Harmoni, B&B, Vejsnæs 2, DK-5970 Ærøskøbing, Tel. 0045 (0) 62 52 19 93, harmoni-aeroe@pardis.dk, www.harmoni-aeroe.dk. Vier Doppelzimmer und eine Ferienwohnung sind hier verfügbar.

Das Flaschenschiffmuseum in Ærøskøbing. fasziniert große und kleine Besucher gleichermaßen.

Ærø Marina, Paradiset, DK-5970 Ærøskøbing, Tel. 0045 (0) 62 52 10 03, mail@aeroehus.dk. www.aeroemarina.dk, Insgesamt 37 komfortable Ferienwohnungen für Selbstversorger mitten in der Stadt und in der Nähe des Hafens, angeschlossen an das Hotel Ærøhus.

Hotel Damgaarden, Borgnæsvej 4, DK-5970 Ærøskøbing, Tel. 0045 (0) 62 52 20 44, info@hoteldamgaarden.dk, www.hoteldamgaarden.dk, Mit acht Ferienwohnungen im 2001 umgebauten, ehemaligen Bauernhof bietet Hotel Damgaarden Entspannung in idyllischer Lage.

Villa Blomberg, Smedevejen 15, DK-5970 Ærøskøbing, Tel. 0045 (0) 62 52 10 44, info@villablomberg.dk, www.villablomberg.dk. Das Haus liegt etwas außerhalb von Ærøskøbing, geöffnet von Juni bis Mitte August, mit schöner Aussicht auf die südfünische Inselwelt, 40 Betten in zwei und vier Bett-Zimmern.

Ærøskøbing Camping, Sygehusvejen 40B, DK-5970 Ærøskøbing, Tel. 0045 (0) 62 52 18 54, info@aeroecamp.dk, www.aeroecamp.dk, Familienfreundlicher Platz nahe des Vester Strandes, viele Hütten verfügbar, Spielplatz und Einkaufsmöglichkeit, Fahrradverleih, geöffnet von Mai bis Ende September, sonst nach Absprache.

Sofies hus, B&B, Sofie Dissing, Søndergade 39, DK-5970 Ærøskøbing, Tel. 0045 (0) 40 18 38 00, Sofie.dissing@live.dk, www.sofiedissing.dk.

Toldbodhus, B&B, Karin & John Steenberg, Brogade 8, DK-5970 Ærøskøbing, Tel. 0045 (0) 62 52 18 11, toldbodhus@mail.dk, www.toldbodhus.com

Karen-Lise Rasmussen, B&B, Sygehusvejen 25, DK-5970 Ærøskøbing, Tel. 0045 (0) 62 52 14 34, www.karenlises-bedandbreakfast.dk.

Bed and Beer, B&B, Brogade 23, DK-5970 Ærøskøbing, Tel. 0045 (0) 40 29 40 50, mail@bedandbeer.dk, www.bedandbeer.dk.

Torvet 3 - Bed & Breakfast, Torvet 3, DK-5970 Ærøskøbing, Tel. 0045 (0) 29 62 61 22, www.ferieboligaeroe.dk, joffi@post.tele.dk.

Det Hvide Hus, Ferienwohnung, Smedegade 14, DK-5970 Ærøskøbing, Tel. 0045 (0) 29 62 61 22, www.ferieboligaeroe.dk, joffi@post.tele.dk.

Karin & Vigert, B&B, Smedegade 13, DK-5970 Ærøskøbing, Tel. 0045 (0) 62 52 28 06/21 73 24 18.

Einfacher Zeltplatz am Vråvejen, Borgnæsdal, Øsemarksvej 10, DK-5970 Ærøskøbing, Tel. 0045 (0) 62 52 21 22, mette-olaf@mail.tele.dk

Essen und Trinken: Hotel Ærøhus, Vestergade 38, DK-5970 Ærøskøbing, Tel. 0045 (0) 62 52 10 03, www.aeroehus-hotel.dk.

Det Lille Hotel, Smedegade 33, DK-5970 Ærøskøbing, Tel. 0045 (0) 62 52 23 00, www.det-lille-hotel.dk.

Cafe Aroma, Gilleballetofte 2 A, DK-5970 Ærøskøbing, Tel. 0045 (0) 62 52 40 02, www.cafe-aroma.dk.

Ærø Bowling Center, Statene 42, DK-5970 Ærøskøbing, Tel. 0045 (0) 62 52 23 06, www.arrebowl.dk.

Cafe Dræsinen, Vestergade 51, DK-5970 Ærøskøbing, Tel. 0045 (0) 60 84 66 30 /66 16 06 50, www.cafedraesinen.dk, cafedraesinen@live.dk.

Ærøskøbing Røgeri, Havnen 15, DK-5970 Ærøskøbing, Tel. 0045 (0) 62 52 40 07.

Restaurant Mumm, Søndergade 12, DK-5970 Ærøskøbing, Tel. 0045 (0) 62 52 12 12.

Ærø Burger Bar, Vestergade 41, DK-5970 Ærøskøbing.

Restaurant Addi's, Vestergade 39, DK-5970 Ærøskøbing, Tel. 0045 (0) 62 52 21 43.

Lendas Griller, Havnen, DK-5970 Ærøskøbing, Tel. 0045 (0) 62 52 10 48.

Kino: Andelen, Søndergade 28A, DK-5970 Ærøskøbing, Tel. 0045 (0) 62 52 17 11, www.bio-andelen.dk

Ærøskøbing Marina: 54° 53.5'N, 10° 24.5'E, die Einfahrt ist unproblematisch, man sollte jedoch auf Untiefen achten und die markierten Fahrwasser korrekt einhalten, das komplizierte Bezahlsystem in der Marina ist nur mit einer speziellen Karte möglich und geht selten beschwerdefrei vonstatten. Im Sommer sind die Liegeplätze sehr stark frequentiert, alternativ gibt es eine Liegemöglichkeit in der Revkrog-Bucht (54° 54.2' N 10° 24.1' E).

Teil 3 –

Informationen von A-Z

Allgemeine Informationen

Dänemarks offizielle Fremdenverkehrszentrale Visit Denmark betreibt traditionell seine Vertretung in Hamburg. Das dortige Büro ist für den deutschsprachigen Raum zuständig, hat jedoch keinen Publikumsverkehr. Broschüren und Informationen sind über das Internet zu bekommen.

Deutschland: Postfach 70 17 40, 22017 Hamburg, Telefon 0049 (0) 1805-326463
(0,14 € je Minute aus dem Festnetz, max. 0,42 € je Minute aus dem Mobilfunknetz), Fax 0049 (0) 40-65031930, daninfo@visitdenmark.com, www.visitdenmark.de

Anreise

Gleich vier Fährverbindungen stellen den aktiven Lebensnerv für die Insel Ærø dar. Sie verkehren in Form der M/F Skjoldnæs von Fynshav auf der Insel Alsen im Süden Jütlands sowie der M/F Søbyfærgen von Faaborg im Südwesten Fünens nach Søby. Desweiteren fährt die M/F Ærøskøbing von Svendborg im Südosten Fünens nach Ærøskøbing und die Fähre M/F Marstal von Rudkøbing, dem Hauptort der Insel Langeland, nach Marstal.

Die Schiffe haben je nach Typ eine Kapazität von 26 bis 42 PKWs sowie, abhängig von der Jahreszeit, von 150 bis zu knapp 400 Personen. Alle verkehren täglich, im Sommer empfiehlt sich unbedingt eine Vorausbuchung.

Die Geschichte des Ærøschen Fährbetriebes wird sehr anschaulich im **Marstaler Seefahrtsmuseum** gezeigt. So gibt es den Nachbau einer Kommandobrücke zu sehen auf der alte Filme von historisch bedeutsamen Begebenheiten in der Region wie dem Bau der Langeland-Brücke gezeigt werden.

Ærøfærgerne, Vestergade 1 A, DK-5970 Ærøskøbing, Telefon 0045 (0) 62 52 40 00, Fax 0045 (0) 62 52 20 88, info@aeroe-ferry.dk, (www.aeroe-ferry.de, Buchung außerhalb der Geschäftszeiten nur über das Internet möglich)

Bahnreisende müssen sich von den Bahnhöfen in Faaborg oder Svendborg aus in den jeweiligen Häfen einfinden. Teilweise werden die Strecken mit Bussen bedient (www.dsb.dk/)

Per Fähre beginnt der Inselurlaub.

Ærø Flyveplads, ein kleines, befestigtes Flugfeld mit Graspiste befindet sich im ehemaligen Sumpfgebiet Gråsten Nor. Von hier aus werden Rundflüge angeboten. DK-5960 Marstal, Telefon 0045 (0) 63 52 63 67, starling@starling.dk, www.ekae.dk ; www.starling.dk

Apotheken

Die Apotheken (dänisch: Apotek) in Marstal, Kirkestræde 23, und Ærøskøbing, Vestergade 34, haben ähnliche Öffnungszeiten wie die normalen Geschäfte auch, also zwischen 9 und 17 Uhr. Notdienste sind jeweils abwechselnd verfügbar. Für einige in Deutschland rezeptfreie Medikamente, muss ein entsprechendes Rezept vorgelegt werden.

Banken

Sparkassen und Banken sind üblicherweise montags bis freitags durchgehend von 10 bis 16 Uhr geöffnet, donnerstags verlängert sich die Öffnungszeit bis 18 Uhr.

Geldumtausch am Bankschalter ist mit recht hohen Gebühren behaftet, der Umtausch am Automaten wesentlich günstiger.

Straßenstand mit frischen Kartoffeln.

Busverkehr

Der Lokalbus der Linie 790 pendelt permanent über die ganze Insel zwischen Marstal, Ærøskøbing und Søby, hält in jedem Dorf und ist darüber hinaus kostenlos, Marstal Bus Telefon 0045 (0) 62 53 10 10 www.fynbus.dk/wm141583. Busse können auch für kleine Gruppen und Einzelpersonen telefonisch angefordert werden. Der Preis ist vom Zielort unabhängig und liegt bei DKR 40 pro Person. Jesper Bus 0045 (0) 62 58 13 23, jesperbus@aeroe.dk, www.jesperbus.dk.

Diplomatische Vertretungen

Deutsche Botschaft, Forbundsrepublikken Tysklands ambassade, Postboks 2712, Stockholmsgade 57, DK-2100 København Ø, Telefon 0045 (0) 35 45 99 00, Telefon für Passangelegenheiten 0045 (0) 35 45 99 11, Fax 0045 (0) 35 26 71 05, tyskeamba@email.dk, www.kopenhagen.diplo.de

Österreichische Botschaft, Sølundsvej 1, DK-2100 Kopenhagen, Telefon 0045 (0) 39 29 41 41, Fax 0045 (0) 39 29 20 86, kopenhagen-ob@bmeia.gv.at, www.aussenministerium.at/kopenhagen

Schweizer Botschaft, Embassy of Switzerland, Amaliegade 14, DK-1256 København K, Telefon 0045 (0) 33 14 17 96, Fax 0045 (0) 33 33 75 51, cop.vertretung@eda.admin.ch, www.eda.admin.ch/copenhagen

Einkaufen

Die Läden und Geschäfte haben Öffnungszeiten, die normalerweise von 9 bis 17 oder 18 Uhr dauern. Donnerstags und freitags auch schon einmal bis 20 Uhr. Am Samstag ist meist bis 14 Uhr offen, Supermärkte haben teilweise bis 20 Uhr geöffnet. Allerdings können diese

In Dänemark wird viel und gerne gefeiert. Musik gehört oft dazu.

Zeiten von den Händlern sehr flexibel gehandhabt werden. Bäckereien, Blumenläden und Kioske sind auch an Sonn- und Feiertagen geöffnet. Die Läden auf den Campingplätzen haben eigene Zeitfenster.

Einreise

Für die Einreise nach Dänemark genügt ein gültiger Personalausweis (noch mindestens drei Monate gültig) oder Reisepass. Dies gilt auch für Kinder. Sonderregelungen oder Einträge im Dokument der Eltern gelten ab Juli 2012 nicht mehr. Gemäß dem Schengener Abkommen gibt es üblicherweise keinerlei Grenz- oder Passkontrollen. Alle Grenzübergänge sind durchgehend geöffnet.

Entfernungen

Auf der Insel:
Ærøskøbing – Marstal 12,1 km
Ærøskøbing – Søby 16,5 km
Ærøskøbing – Bregninge 9,8 km
Ærøskøbing – Skjoldnæs 19,4 km
Marstal – Søby 24 km
Marstal – Bregninge 17,3 km
Marstal – Skjoldnæs 26,9 km
Søby – Bregninge 6,8 km
Søby – Skjoldnæs 3,6 km

Mit "Peng!" und Raubüberfall kommt man nicht weit, besser: gleich zum "Geldautomaten" ...

Bregninge – Skjoldnæs
9,7 km

Landesweit:
Ærøskøbing – Odense 54 km
Ærøskøbing – Århus 193 km
Ærøskøbing – Kopenhagen 203 km

Feiertage und Feste

1. Januar (Neujahrstag), 6. Januar (Heilige Drei Könige, Maskerade in Bregninge), Februar/März (Fasching, Ærøskøbing und Marstal), März/April(Christliches Osterfest inklusive des Gründonnerstag, Ostersamstag gemeinschaftliches Ostereier-Kochen am Strand mit Volksfestcharakter), April/Mai (Buß- und Bettag/ 4. Freitag nach Ostern), Mai (Christi Himmelfahrt) Mai/Juni (Christliches Pfingstfest), 5. Juni (Verfassungstag), 23. Juni (Sct.Hans, Mittsommertag), 24./25./26. Dezember (Weihnachten), 31. Dezember (Silvester).

Vor allem während des Sommers finden zahlreiche Festivals statt:
Harmonika-Festival, Marstal, Anfang Juni www.harmonika-festival.dk/
Ærø Single Folk Festival, Søby, Ende Juli www.aeroefestival.dk/
International Klassisk Sensommer,

Søbygaard, Mai – August

Ærø Jazzfestival, Ærøskøbing und Marstal, Anfang August, www.jazzisland.dk

Tag des südfünenschen Inselmeeres, Ende August, www.oehavetsdag.dk

Informationen beim Touristenbüro von Ærøskøbing Ærø Turist- og Erhvervskontor, Ærøskøbing Havn 4, DK-5970 Ærøskøbing, Telefon 0045 (0) 62 52 13 00, post@arre.dk, www.arre.dk

Geldautomaten

Geldautomaten (Pengeautomat) sind bei allen Banken zu finden. Akzeptiert werden hier, wie auch bei den meisten Geschäften und Supermärkten die gängigen Kreditkarten und die EC-Girokarten.

Gesundheit

Im Falle einer plötzlich auftretenden Krankheit oder eines Unfalles hat jeder, also auch der Reisende, Anspruch auf kostenlose medizinische Behandlung in einem dänischen Krankenhaus. In Ærøskøbing befindet sich am Sygehusvejen 18 das Krankenhaus der Insel (Telefon 0045 (0) 63 52 14 00, www.ouh.dk/wm110103). Sollte ein Rücktrans-

Diese "Einwohnerin" von Marstal genießt die Sommersonne und heißt Haustiere willkommen!

port erforderlich sein, erfolgt dieser auf eigene Kosten. Es gibt insgesamt gut 25 Standorte auf Ærø mit Defibrillatoren.

Durch den Versicherungsschutz der Krankenkasse besteht das Anrecht auf kostenlose ärztliche Behandlung sowie die Rückerstattung von Arzt-, Zahnarzt- und Medikamentenkosten. Sinnvollerweise sollte die Europäische Krankenversicherungskarte der Krankenkasse mitgeführt werden. Empfehlenswert kann auch der Abschluss einer Reisezusatzversicherung sein.

Außerhalb normaler Sprechzeiten (8 - 16 Uhr) sowie am Wochenende steht ein ärztlicher Notdienst bereit. Notfallnummern sind im Internet unter www.laegevagten.dk zu finden. Im akuten Notfall hilft die Notrufnummer 112.

Informationen zum dänischen Gesundheitssystem gibt es hier www.ess-europe.de/europa/kvsys_daenemark.htm

Haustiere

Seit 2011 müssen vierbeinige Haustiere zur exakten Identifizierung einen eingepflanzten Chip besitzen sowie einen vom Tierarzt abgezeichneten EU-Heimtierausweis, in welchem alle notwendigen Impfungen eingetragen sind. Die letzte

Impfung muss mindestens drei Wochen vor der Einreise erfolgt sein. Zwischen April und Oktober sind Hunde am Strand grundsätzlich an der Leine zu führen. Überall finden sich zudem Automaten mit Hilfsmitteln zur ordnungsgemäßen und rücksichtsvollen Beseitigung tierischer Hinterlassenschaften.
Bei Buchung einer Unterkunft auf entsprechende Hinweise für Haustiere achten. Im Übrigen fallen recht viele frei umher laufende Katzen in den Gassen der Orte auf.

Für bestimmte Kampfhunderassen gelten gesonderte Bedingungen. Weitere Informationen im Internet unter www.daenemarkmithund.de/

Literatur

Carsten Jensen, Die Ertrunkenen, Roman über die Menschen und das maritime Leben in Marstal ab 1848, Bestseller in Dänemark aus dem Jahr 2006, btb Verlag, ISBN 978-3-442-74108-3; Ole Ege, Ærø, Bildband über die Insel mit vielen Fotos und illustrierenden Texten, dreisprachig, Forlaget Esper, Auslieferung über Ærø UgeAvis;
Henrik M.Jansen, Hugo Matthiessens Marstal og Ærøskøbing, historischer Bildband zur Stadtgeschichte mit Fotos aus der Zeit von 1870 bis etwa 1920, Svendborg og Omegns Museum
Weiterführende Literatur über Ærø ist sonst nahezu ausschließlich in dänischer Sprache verfügbar.

Mietwagen

Mietfahrzeuge können bei drei Abgabestellen gebucht werden. Dies sind der Autogården in Marstal, Reberbanen 61, DK-5960 Marstal, Telefon 0045 (0) 62 53 17 20, sowie ebenfalls in Marstal das Ærø Auto-Center, Skolevej 12, DK-5960 Marstal, Telefon 0045 (0) 62 53 13 02, aeroeauto@tdcadsl.dk, www.aeroeautocenter.dk. Während des Sommers ist es zudem möglich umweltfreundliche Elektrofahrzeuge zu leihen. Diese sind zu bekommen beim Touristenbüro. Ærø Turist- og Erhvervskontor, Ærøskøbing Havn 4, DK-5970 Ærøskøbing, Telefon 0045 (0) 62 52 13 00.

Polizei

Die Polizei (dän.: Politi) versieht auf Ærø eine eher geruhsame Tätigkeit. Die Kriminalitätsrate ist sehr gering. Häufig gibt es lediglich Diebstahldelikte unter den Touristen sowie kleinere Verkehrsunfälle, die es zu bearbeiten gilt. Fyns Landpoliti betreibt in Ærøskøbing eine kleine Station. Jomfruvej 1, DK-5970 Ærøskø-

Brevene må ikke indeholde penge
POST
SE NEDENFOR
A-BREVE TIL OMDELING NÆSTE HVERDAG
LÆGGES I DENNE POSTKASSE INDEN KL:
SENERE AFSENDELSE KAN SKE FRA POSTKASSEN
Postnummer Man - fre Lør Søn - Hel *)
Man - fre Lør Søn - Hel *)
SMS DIG TIL DIT NÆSTE FRIMÆRKE

bing, Telefon 114 oder 0045 (0) 62 21 14 48. Krankenwagen und Feuerwehr sind unter 112 zu erreichen.

Post

Briefe bis zu einem Gewicht von 50g und Postkarten kosten im Versand nach Deutschland DKK 12,00 (Stand: Januar 2012). Um eine schnelle Beförderung zu garantieren, sollte ein großes A (für bevorzugte Behandlung) gut sichtbar neben der Briefmarke vermerkt sein. Typische, halbrunde und knallrote Briefkästen mit gelbem Posthorn stehen für den Einwurf von Briefen und Karten bereit.

Post in Marstal: Kongensgade 31A, Mo-Fr 11.30 -16.15 Uhr, Sa 10.00 - 12.00 Uhr. Post in Søby: Dagli Brugsen, Langebro 13, Mo-Fr 14.00 - 16.30 Uhr.

Post in Ærøskøbing: Creutz Boghandel, Vestergade 47, Mo-Fr 12.30 – 16.30 Uhr. Das Abheben von Bargeld ist möglich.

Rauchen

Seit 2007 besteht in Dänemark ein generelles Rauchverbot auf öffentlichen Plätze und in öffentlichen Einrichtungen. Dieses Verbot gilt zudem an allen Arbeitsplätzen im öffentlichen Dienst. In allen gastronomischen Betrieben, deren Fläche größer als 40 qm ist, darf ebenfalls nicht mehr geraucht werden, außer in speziell dafür vorgesehenen Raucherräumen. Zigaretten und Tabak sind in Dänemark traditionell sehr teuer.

Nicht zu übersehen: Die knallroten Briefkästen.

Reisezeit

Dänemark ist ein klassisches Reiseziel für den Sommer, hier stellt die Insel Ærø keine Ausnahme dar. Ende Mai bis Ende September ist der beliebteste Zeitraum, da dann üblicherweise das Wetter am stabilsten ist, das beliebte Baden im Meer sowie die meisten anderen Aktivitäten möglich sind. Dementsprechend sind die Öffnungszeiten der Attraktionen und Sehenswürdigkeiten ausgerichtet. Doch auch wenn die Sonne nicht ganz so hoch am Firmament steht und kalter Wind, bisweilen sogar Schnee das Klima diktieren, bleibt Ærø eine reizvolle Destination. Die Insel präsentiert nun ihr ungeschminktes Gesicht, das es auf Wanderungen, Spaziergängen und Radtouren zu erkunden gilt. Natürlich sind die Möglichkeiten dann eingeschränkt, viele Museen haben geschlossen oder nur verkürzt geöffnet. Gleiches gilt auch für einige Unterkünfte. Die tolle, reine Luft entschädigt jedoch

Beliebtes Mitbringsel: Honig von der Insel.

für vieles. Das Naturerlebnis kann in der kalten Jahreszeit ähnlich intensiv sein. Wenn beispielsweise das üppige Auftreten von strahlend weißen Schneeglöckchen oder Krokusse das nahende Frühjahr verkünden.

Souvenirs

Dänisches Design erfreut sich weltweiter Beliebtheit und wird teilweise sehr hoch gehandelt. Vielleicht nicht unbedingt von internationalem Rang, aber dennoch hübsch anzusehen, sind die Produkte aus dem Kunstgewerbe, die in den Galerien auf Ærø angeboten werden. Auch Kerzen, Keramik und Schmuck, gern in Kombination mit Bernstein, sind beliebte Souvenirs von der Insel. Ebenso Antiquitäten und vorzugsweise gestrickte Textilien. Selbstgemachte Bonbons, Honig und weitere Süßwaren, Seife sowie Bier aus der Mikrobrauerei.

Sprache

Die Landessprache ist natürlich Dänisch, dass regional etwas unterschiedliche Klangfärbungen haben kann. Englisch ist weit verbreitet, vor allem bei jüngeren Leuten, und verdrängt in der Popularität allmählich die deutsche Sprache. Deutsch

wird aber in den touristischen Regionen meist verstanden.
Die dänische Sprache klingt, speziell im Raum Fünen, ein wenig nach Singsang. Es geht melodisch auf und ab, dabei werden so manche Laute verschluckt. Bekannt ist der sog. Kehlkopfverschluss oder Stosslaut (stød), der nicht nur für deutsche Ohren sehr ungewöhnlich klingt.

Interessanterweise sind auf der verhältnismäßig kleinen Insel Ærø nicht weniger als sieben verschiedene Dialekte vertreten, die für Gästeohren zwar alle gleich klingen mögen, sich aber durchaus voneinander unterscheiden und ein in Nuancen differierendes Vokabular verwenden. Die Gründe hierfür liegen in der Inselhistorie. Durch ständige Wechsel der Besitzer und immer neue Zugehörigkeiten, demzufolge ständig neue Lehnsherren und Markgrafen, die jeweils ihr eigenes Gefolge mitbrachten, entwickelte sich in beinahe jedem Kirchspiel eine individuelle Sprachfärbung.

Einflüsse kamen dabei zumeist aus dem Süden Jütlands. Allerdings verschwinden die Dialekte mit

den nachfolgenden Generationen

Flohmarkt oder Souvenirshop? Nicht ganz eindeutig, aber individuell sind die Exponate!

Urlaubshütten auf dem Campingplatz.

immer mehr, lediglich bestimmte Worte und Begriffe können und werden diesen Trend überdauern.

Strand

Sehr schöne, flache Badestrände, die überwiegend aus Sand und kleinen Kieselsteinen bestehen, sind der **Eriks Hale Strand** im Süden von Marstal und der **Vester Strand** etwas außerhalb von Ærøskøbing. Aufgrund ihrer Beschaffenheit eignen sie sich hervorragend für Familien, auch mit kleinen Kindern. Pittoresk gruppieren sich hier an beiden Orten die Ærø-typischen bunten Badehäuschen. Unterhalb der Steilküsten entlang der Insel bestehen oft Bademöglichkeiten, die Strände sind dort aber eher etwas steiniger.

Jeder ist zum Betreten der Strände berechtigt, es gibt keine Reglementierung durch z.B. Kurtaxe. Nacktbaden wird im bekanntermaßen liberalen Dänemark weitestgehend toleriert, jedoch sollte man eine gewisse Rücksicht gegenüber anderen Strandbesuchern walten lassen, es gibt keine ausgewiesenen FKK-Bereiche.

Strom

Die Netzspannung in ganz Dänemark hat 220V (50Hz) Wechselstrom, Adapter werden nicht benötigt. Mittels eines eigenen Schalters kann der Strom direkt an der Steckdose ein- oder ausgeschaltet werden.

Taxi

Zwei Anbieter sorgen für den funktionierenden Taxibetrieb auf Ærø. Dazu gehört auch die Behindertenbeförderung. OLES Taxa 0045 (0) 20 40 96 90 /20 20 82 02 sowie Ærø Taxi 0045 (0) 20 20 20 32.

Telefon

Die internationale Telefonvorwahl für Dänemark lautet 0045, die Vorwahl für Ærø ist (0) 62. Für Gespräche nach Deutschland ist die 0049 gefolgt von der Ortsvorwahl ohne Null und der jeweiligen Rufnummer zu wählen. Die Vorwahl für Österreich lautet 0043, die für die Schweiz 0041. Es gibt keine funktionierenden Telefonzellen mehr auf Ærø.

Mobil-Telefonieren ist ohne Einschränkungen möglich, das dänische Netz an Sendemasten ist recht dicht. Voraussetzung ist na-

Der Strand bei Marstal bietet Sommervergnügen pur.

türlich ein Roaming-Vertrag des Anbieters mit einem dänischen Mobilfunkbetreiber.

Toiletten

In vielen Orten, speziell in den Häfen sind öffentliche Toiletten von normalem Standard verfügbar, zumeist befinden sich diese in einem einfachen, aber recht guten Zustand. Auf Campingplätzen kann es nach feuchtfröhlichen Party-Nächten schon einmal zu unangenehmen Verstopfungen kommen.

Trinkgeld

Trinkgelder werden in Dänemark allgemein nicht gegeben. Dies gilt für Hotels ebenso wie für jegliche Dienstleistungen. Wer mag, kann jedoch gerne den Endbetrag ein wenig nach oben korrigieren.

Übernachten

Da Ærø sich in zunehmendem Maße als touristische Destination positioniert, gibt es auch eine große Bandbreite an unterschiedlichen Unterkunftsmöglichkeiten. Vom preisgünstigen, teils privaten Campingplatz über Bed & Breakfast Angebote reicht die Auswahl bis zu Ferienhäusern, Apartments und natürlich Hotels. Empfehlungen zu Hotels und allen weiteren Unterkünften finden sich im Anschluss an die einzelnen Kapitel zu den Orten und Gemeinden der Insel. Zu beachten ist, dass die B&Bs im Gegensatz zu den großen Häusern meist keine Kredit- oder Scheckkarten akzeptieren.

Verkehr

Für die Einreise mit dem eigenen PKW ist ein EU-weit gültiger Führerschein mitzuführen, zusätzlich der Kfz-Schein bzw. die Kfz-Zulassung sowie ein Nationalitätskennzeichen (D-Schild), sofern das Fahrzeug über kein Euro-Nummernschild verfügt. Die Grüne Versicherungskarte ist nicht zwingend vorgeschrieben, jedoch empfehlenswert.

Auf den Autobahnen in Dänemark gilt eine Höchstgeschwindigkeit von 130 bzw. auf bestimmten Strecken von 110 km/h, außerhalb geschlossener Ortschaften darf maximal 80 km/h gefahren werden, innerhalb geschlossener Ortschaften, die erkennbar sind am weißen Schild mit einer Stadtsilhouette, 50 km/h.

Mit Anhänger liegt die Höchstgrenze bei 70 km/h auf der Landstraße und 80 km/h auf der Autobahn.

Grundsätzlich bewegen sich die Dänen tendenziell mit ihren Autos eher gemütlich auf den Straßen und Wegen dahin. Raser und

Drängler sind nicht gern gesehen und unbeliebt.

Geschwindigkeitsüberschreitungen, auch mit mobilen Radargeräten kontrolliert, werden zudem mit hohen Bußgeldern belegt, die sofort zu begleichen sind. Die in Deutschland übliche Toleranz von 10 Prozent des Tachostandes gilt in Dänemark nicht. Bußgeldbescheide, etwa bei Parkvergehen, die über einen Betrag von EUR 70 hinausgehen, werden auch noch nachträglich in Deutschland vollstreckt.

Alle Kraftfahrzeuge, auch Motorräder, müssen rund um die Uhr mit eingeschaltetem Abblendlicht fahren. Ein Warndreieck sowie eine leuchtende Rettungsweste sind im Fahrzeug mitzuführen. Darüber hinaus besteht Anschnallpflicht für alle Personen im Fahrzeug. Kinder unter drei Jahren müssen in einem zugelassen Kindersitz auf dem Beifahrersitz befördert werden.

Im Innenstadtbereich von Ærøskøbing darf maximal zwei Stunden geparkt, die Parkzeit muss dabei mittels Parkscheibe angezeigt werden. Es bestehen jedoch genügend Möglichkeiten zum Abstellen des Kfz im Hafen und der unmittelbaren Peripherie des Ortes. Für Marstal ist die Parkscheibe nur in der Markgade erforderlich.

Bier muss man nicht von zu Hause mitbringen - das Heimische schmeckt ungemein gut.

Telefonieren im Auto ohne Freisprecheinrichtung ist während des Fahrens strikt untersagt und wird mit empfindlichen Strafen belegt. Das Setzen des Blinkers ist beim Spurwechsel auf der Autobahn obligatorisch ebenso wie das Warnblinklicht bei Staus und Behinderungen. Auf Nebenstraßen finden sich häufig weiße Dreiecke, die sog. Haifischzähne. Sie deuten daraufhin, dass man sich einer Vorfahrt berechtigten Straße nähert. Die meisten Verkehrsschilder im Land entsprechen den international üblichen Standards. Das Fahren auf den Schnellstraßen ist ohne Ge bühr oder Maut erlaubt, lediglich die Brückenverbindungen zwischen Fünen und Seeland sowie von Kopenhagen nach Malmö sind entgeltpflichtig.

An den zahlreich verbreiteten Tankstellen sind alle internationalen Benzinsorten verfügbar, ebenso Zweitakter-Treibstoff und Dieselkraftstoff. Jedoch gibt es an dänischen Tankstellen weder Biodiesel noch Naturgas. Einige Tankstellen haben zudem auch Autogas (LPG).

Währung

Dänemark ist zwar Mitglied der

Europäischen Union und hat auch das Schengen-Abkommen unterzeichnet, dennoch vertraut man im Konigreich auf die eigene, traditionsreiche Währung, die Dänische Krone DKK. Sie ist unterteilt in Notenwerte von Scheinen zu 50, 100, 200, 500 und 1.000 Kronen. Die kleinste Münze ist das kupferne 50 Øre Stück, die Münzen zu 1, 2 und 5 Kronen sind silbern und haben jeweils ein Loch in der Mitte, dazu kommen noch die goldenen 10 und 20 Kronen Stücke.

Der Wechselkurs zur sonst europaweit verbreiteten Einheitswährung EURO liegt etwa im Verhältnis 7,5:1. Damit entsprechen DKK 100 ca. EUR 13,45 bzw. 100 EUR sind etwa DKK 744,00. 100 Schweizer Franken CHF entsprechen DKK 616,70 bzw. DKK 100 sind CHF 16,22. Stand 03/2012.

Wasser

Trinkwasser aus der Leitung ist überall verfügbar und kann bedenkenlos, wenn nicht ausdrücklich anders erwähnt, genutzt werden. Bei öffentlichen Brunnenanlagen sollte man jedoch darauf verzichten, Wasser abzuschöpfen.

Die Qualität des Badewassers an den dänischen Stränden ist meist hervorragend und wird üblicherweise streng kontrolliert. Eine Blaue

Flagge kennzeichnet Strandabschnitte, an denen man bedenkenlos schwimmen gehen kann.

Zeitunterschied

In Dänemark gilt die gleiche Zeit wie in ganz Mitteleuropa. Der Wechsel von Normalzeit zur Sommerzeit findet jeweils Ende März und Ende Oktober statt.

Zoll

Während des Urlaubs dürfen alle Waren aus einem anderen EU-Land zollfrei für den persönlichen Gebrauch eingeführt werden, dazu gehören auch Alkohol (ab 16 Jahre) und Tabak (ab 18 Jahre) etc.. Als Richtwerte gelten derzeit: 10 l hochprozentiger Alkohol, 800 Zigaretten, 400 Zigarillos, 200 Zigarren und 1 kg Tabak. Einzelne Warengruppen können bedingt durch aktuelle Ereignissen vollständig von der Einfuhr ausgeschlossen werden. Mengenmäßige Begrenzungen von Waren bestehen lediglich für Bürger aus Nicht-EU-Ländern bei hochprozentigem Alkohol (über 22 %) sowie Tabakwaren. Jede Person über 17 Jahren darf hier 1 Liter hochprozentigen Alkohol und 200 Zigaretten (oder 100 Zigarillos/50 Zigarren/250 g Tabak) ohne Zollabgaben einführen.

Bei einigen Worten ist die dänische Sprache der deutschen durchaus ähnlich - Verftet = Werft.

Auch im "Kleinen Hotel" freut man sich sicher, wenn der Gast das Haus mit einem "Hej!" betritt.

Teil 4 - Anhang

Sprachhilfe

Das dänische Alphabet kennt keine Umlaute, die Buchstaben c, q, w, x, z tauchen ausschließlich in Fremdworten auf. Dafür gibt es die besonderen Buchstaben å (gesprochen wie das o in Nord), ø (gesprochen wie das ö im Deutschen), æ (gesprochen wie das ä im Deutschen) am Ende des Alphabetes – dies zur groben Orientierung.

Allgemein

ja..........ja
nein..........nej
danke..........tak
Vielen Dank!..........Mange Tak!
Gern geschehen..........Det var så lidt
bitte..........vær så venlig/ vær så god
heute..........i dag
morgen..........i morgen
viel..........megen, meget/ mange
wenig..........lidt
Entschuldigung..........Undskyld
Sprechen Sie Deutsch?....Taler De tysk?
Ich heiße..........Jeg hedder
Ich bin aus ....jeg er fra
Ich verstehe Sie nicht...Jeg forstår Dem ikke

Begrüßung

Guten Morgen/Tag....God morgen/

Goddag
Guten Abend ....God aften
Gute Nacht..............................God nat
Hallo..............................Hallo/ Hej/ Dav

Unterwegs

Wo ist denn…? ....Hvor er....?
geradeaus.......................................ligeud
links...venstre
rechts..højre
Straße...gade
Weg...vej
Fahrrad...cykel
Fahrrad mit Hilfsmotor............knallert
Motorrad..............................motorcykel
Auto..bil
Diesel..diesel
Benzin...benzin
Bus...bus/ rutebil
Fahrkarte...billet
Haltestelle...........holdeplads/ stop-pested/ station
Hafen...havn
Schiff..skib
Flughafen............lufthavn/ flyveplads
Abfahrt..afrejse
Ankunft...ankomst
Deutschland..............................Tyskland
Dänemark.................................Danmark

Im Restaurant

geöffnet ....åben
geschlossen ....lukket
Speisekarte...............................spisekort
Vorspeise.......................forret/ formad
Frühstück..........................morgenmad
Mittagessen..................................frokost
Abendessen kalt.................aftensmad
Abendessen warm...................middag
Pfeffer...peber
Salz..salt
Was kostet das?...........Hvad koster...?
Rechnung.....................................regning
Bier...øl
Fassbier..fadøl
Wein..vin
Wasser..vand
Kaffee..kaffe
Milch...mælk
Tee...te
Allergie...allergi
Nuß... nød
Prost!...Skål!

Einkaufen

Bäckerei...bageri
Brot..brød
Brötchen...............................rundstykke
Kuchen..kage
Metzger...slagter
Käse...ost
Butter...smør
Supermarkt.......................Supermarked
Ausverkauf...................................udsalg
Geld...penge

Notfall

Hilfe...hjælp
Apotheke...................................apoteh
Arzt..læge
Zahnarzt...................................tandlæge
Krankenhaus...........................sygehus
Polizei...politiet
Unfall..ulykke

Panne....skade
Durchfall....diarré
Fieber....feber
Grippe....influenza
Erkältung....forkølelse
Kopfschmerzen....hovedpine
Zahnschmerzen....tandpine
Sonnenbrand....solhede

Zahlen

Null....nul
Eins....en
Zwei....to
Drei....tre
Vier....fire
Fünf....fem
Sechs....seks
Sieben....syv
Acht....otte
Neun....ni
Zehn....ti
Elf....elleve
Zwölf....tolv
Dreizehn....tretten
Zwanzig....tyve
Einundzwanzig....enogtyve
Zweiundzwanzig....toogtyve
Dreißig....tredive
Vierzig....fyrre
Fünfzig....halvtreds
Sechzig....tres
Siebzig....halvfjerds
Achtzig....firs
Neunzig....halvfems
Hundert....et hundrede
Tausend....et tusinde

Titel und die erste Zeile der Landeshymne : Der er et yndigt land" - Es gibt ein liebliches Land.

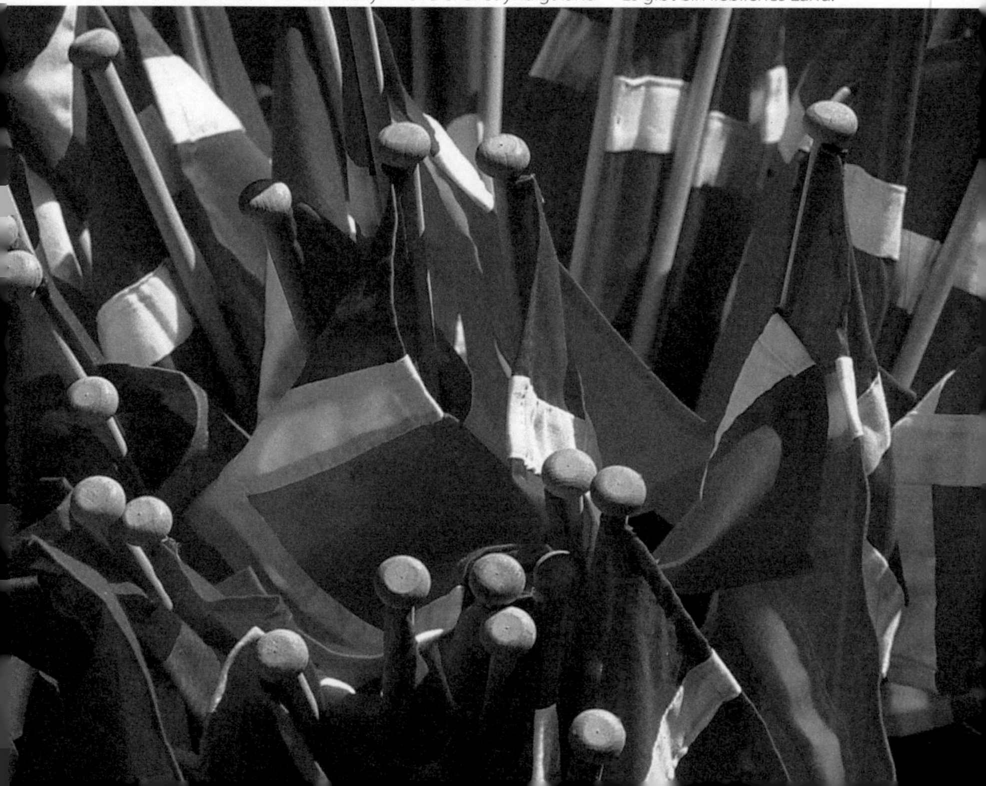

Register

Eines der wohl am Leichtesten zu lernenden dänischen Worte: "øl" = Bier.

Danksagung

Für die freundliche Unterstützung bei der Realisierung dieses Büchleins über eine der zauberhaftesten Inseln der Welt danke ich Eva Hadberg, Carl J.Heide und Bente Jensen/Ærøskøbing Turistkontor, Sören Storm/Ærø UgeAvis, Katrine Kjær Kromann/Ærø Museum, Erik, Kromann/Marstal Søfartsmuseum, Peter Hansted/Rise Bryggeri, Ane Katrine Vig, Mads Boeberg Hansen/ Ærø Hotel/Skipperbyen Marstal, Marie Schwarz uvm.

Bildnachweis

Alle Bilder stammen von Udo Haafke. Kartenmaterial mit freundlicher Genehmigung von © Mark & Storm Grafisk A/S

Über den Autoren

Udo Haafke arbeitet als freier Fotograf und Reisejournalist vornehmlich im europäischen Raum für Tageszeitungen, Online-Reiseführer und Magazine. Er veröffentlichte zahlreiche Bildbände, Kalender und weitere begleitende Publikationen. Darüber hinaus blickt er auf viele Ausstellungen im In- und Ausland, so u.a. Ærøs(købing) i Billeder im Sommer 1986 in der Galerie der Amtsparekasse am Torvet von Ærøskøbing. Weitere Informationen unter www.die-fotos.de

Andere lieferbare Titel aus unserem Verlagssortiment:

London für eine Hand voll Euro
ISBN 978-3-939408-03-1
Preis 14,90 Euro

Londons Kultur, Events und Kunst erleben - für maximal fünf Euro ... und dabei noch ganz neue Seiten der coolen Hauptstadt entdecken....

Britannia Kuriosa
ISBN 978-3-939408-08-8
Preis 14,90 Euro

Kaum ein Land der Welt bietet so kuriose Wettbewerbe wie das britische Königreich. "Je skuriller, desto besser!" scheint das Motto! der liebenswert schrägen Events.

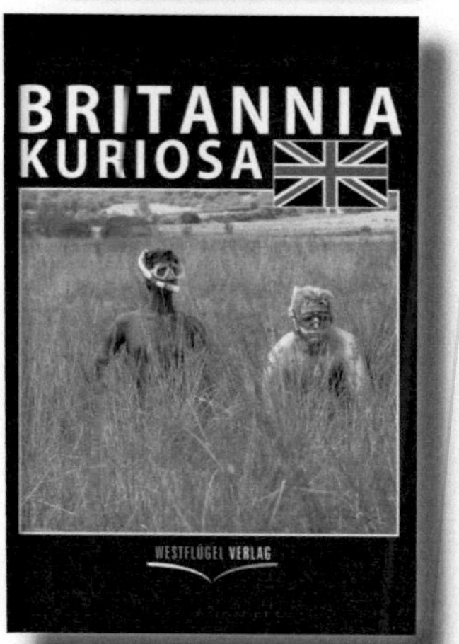

Fyr
SKJOLDNÆS
Næbbet
Skjoldnæsvej
Søby-Fynshav (1 t 10 min)
Søby-Fåborg (1 t)
HAVEN
Søby Vestermark
Søby Nørremarksvej
SØBY
Rondal
Stenagre
Skelhave
SØBY MARK
Vitsø
Lange-
vrætte
V. Mølle
Bakke
Søby Landevej
Snorløkke
Gammel
Løkkevej
VITSØ
Vorbjerg
Lebymarksvej
Blæshøj
Bakke
Sække-
mosevej
Nederste Skovbymark
Blakstensodde
Skolevej
Kuglebjerg-
vej
LEBY
Øverste Skovbymark
Bølgemose
Søndersø
Bregninge Møllevej
SKOVBY
MARK
Bregninge Landevej
TVÆRBY
MARK
Vester Bregningemark
Gammelgård
Tværby Mark
BREG-
NINGE
VESTER
BREG-
NINGE
Øster Bregningemark
Borgnæs
Hanses
Tværby
Grønnemosevej
Mølledamsvej
Øster Bregninge
ØSTER
BREGNINGE
Borgnæs Møllevej
Strandvej
Vesterløkke
Vindeballe
Voderup
VINDE-
BALLE
Voderup
Klint
VODERUP
Tranderup Mark

BIRKHOLM
STORE EGHOLM
NYHOLM
LILLE EGHOLM
Ærøskøbing-Svendborg (1 t 10 min)
Ure-hoved
Vestre Strandvej
Bjerget
DEJRØ
HALMØ
Ommelshoved
ÆRØSKØBING
Sygehus-vejen
Vrå
Vråvejen
Strandhuse
Øsemarksvej
By-marks-vej
LILLEØ
Nevre
Tivoli
STOKKEBY NOR
Stokkeby Landevej
Vesterskovvej
Vesterskov
STRANDBY
Kragnæshoved
NEVRE
Snekkemose
Lammehusene
OMMEL
Pilegårdene
Marstalvejen
Kleven
STOKKEBY
LILLE STOKKEBY
Oldegade
Kringholmen
Degnevej
Ll. Stokkeby Vej
Lillerisevej
Ved Dæmningen
KRAGNÆS
Færgevej
Kirkevejen
Kattebuuvej
MARSTAL
Ommelsvejen
Grønnæs
Grønnæsvej
Kragnæsvej
Rolpested
Marstal-Rudk
OLDE
Oldemarksvej
St. Rise Landevej
STORE TORUP
Torupvej
LILLE RISE
Frydendal
Gråsten Nor
Dortheadalsvej
Møllevejen
Græsvængevej
Klausenskovvej
Kirkevej
St. Rise
Møllegyden
LILLE TORUP
Ellemosevej
Ronæs
Midtvej
GRÆSVÆNGE
Reberbanen
MARK
Ll. Risemarksvej
STORE RISE
Dunkærvej
Langeagre
Norvejen
Trousløkkevej
Øverste-Midt-marksvej
Nederste-Midt-marksvej
Risemarksvej
DUNKÆR
Trappeskovvej
Ronæsvej
Eriksh
Fæstevej
Møllesøvej
Østermarksvej
Drejet
Bakkevej
Knasterbjergvej
BRO
RISE MARK
Søndre Kystvej
Lindsbjergvej
Gravendal
Hellebakken
Havsmarken
Bakkegårdsvej
Brovej
Rygger Holmevej
Kalvehave
Eskevej
Østersøvej
DUNKÆR MARK
Vejsnæs
Skovbrynke
Vejsnæs Nakke

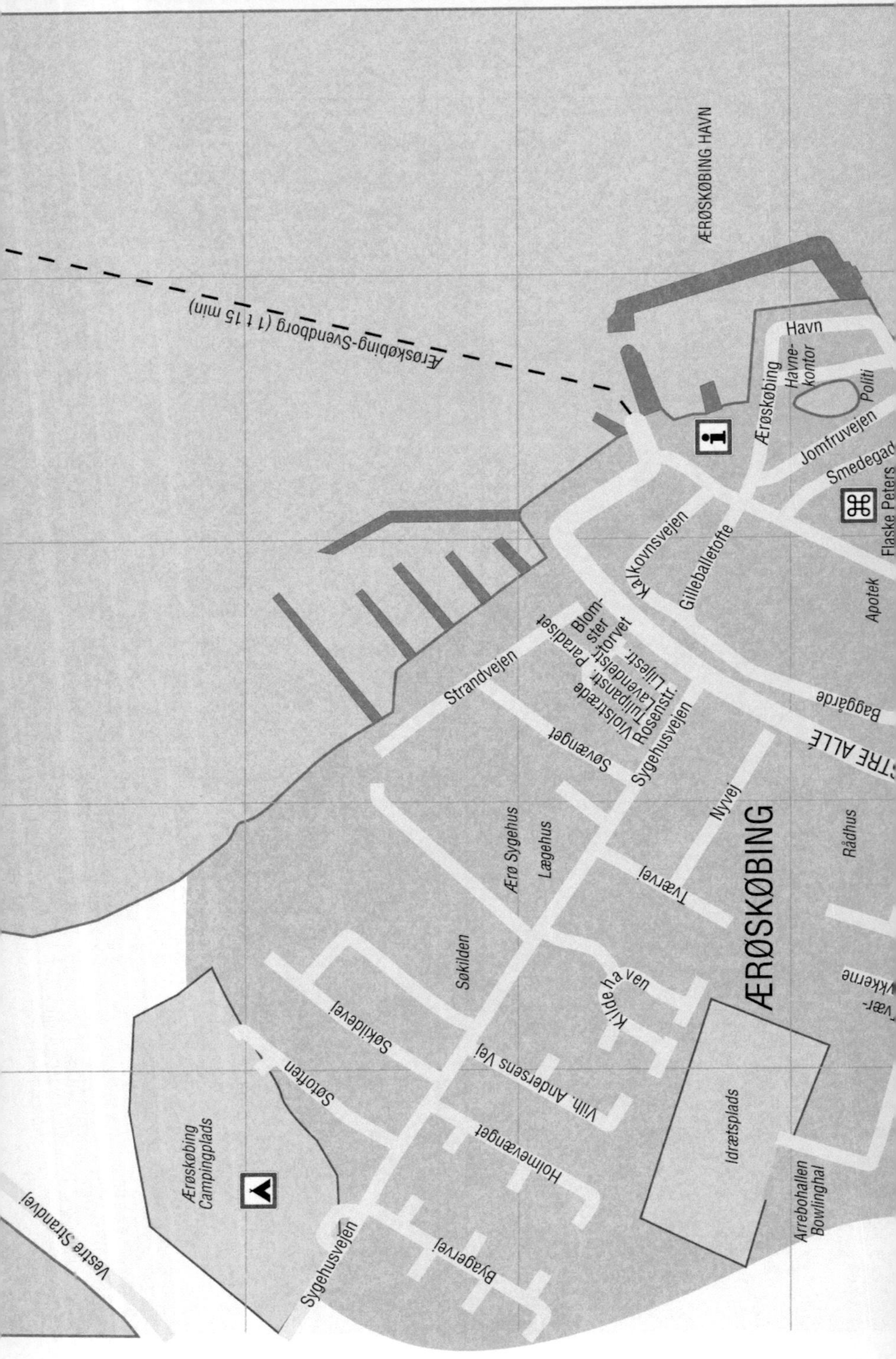
ÆRØSKØBING HAVN
Ærøskøbing-Svendborg (1 t 15 min)
Havn
Havne-
kontor
Politi
Ærøskøbing
Jomfruvejen
Smedegad
Flaske Peters
Kalkovnsvejen
Gilleballetofte
Apotek
Blom-
ster
torvet
Paradiset
Liljest.
Lavendelst.
Tulipanst.
Violstræde
Rosenstr.
Strandvejen
Søvænget
Sygehusvejen
Baggårde
STRE ALLÉ
Nyvej
ÆRØSKØBING
Rådhus
Ærø Sygehus
Lægehus
Tværvej
Søkilden
Kildehaven
Søkildevej
Søtoften
Vilh. Andersens Vej
Holmevænget
Idrætsplads
Arrebohallen
Bowlinghal
Ærøskøbing
Campingplads
Vestre Strandvej
Sygehusvejen
Byagervej

Nørregade
Ærøskøbing Kirke
Kirkestr.
Torvet
Søndergade
Hammerichs Hus
Bibliotek
Posthus
Vestergade
Friskole
Sluttergyden
Vråvejen
Pilebækken
Østergade
Bøssehage
Smedevejen
Lerbækken
Ærøskøbing Vandrerhjem
SMEDEVEJEN
BYMARKSVEJ
Vesterbro
MØLLE-BAKKEN
TIVOLI
Løkken
Vråvejen

MARSTAL
Marstal Kirkegård
Ommelsvejen
Pilevænget
Rolighedsvej
Arnekrogen
Strandvejen
Toftegårds-
skoven
Tulipanvej
Primulavej
Syrenvej
Violvej
Ærøgade
Søvænget
Rosenvejen
Toftevænget
Toftevejen
H. C. Christensensvej
Mellemgade
Østergade
Bondebygade
Ærøhallen
Marstal Skole
Halvejen
Bredgade
Teglrenden
Marstal-Rudkøbing (1 t)
Danmarksgade
Dampskibsbroen
Havnekontor
Teglgade
Filosof-
gangen
Grønnegade
Skovgyden
Enigheds-
stræde
Havne-
pladsen
Paket-
kajen
Honnør-
kajen
MØLLEVEJEN
VESTERGADE
Nørregade
Nørrevænget
KIRKESTRÆDE
KONGENSGADE
Brøndstræde
Dronningestræde
Pakhusvej
Hollænder-
broen
Posthus
Toldbod-
gade
Sølv-
gade
Skipper-
stræde
Tværg
Prinsebroen
Marstal Kirke
Galease-
vej
Barkvej
Brigvej
Ja

Lystbådehavn
Rasmus Havnefogeds Sti
Værftskajen
Værfts-vej
Sand-pladserne
Søndre Værft
Beddingsvej
Thomsens Plads
Kulpladsen
Sønder-renden
Stejle-pladsen
Sejl-magervej
Bag Klint
Taget
Østersøvej
Fiol-stræde
Buegade
Færgestræde
Vinkel-stræde
Nissens Have
Møllergade
P.M. Gang
Snaregade
Søndergade
Skolegade
Herluf Trollesgade
Nygade
Gasværksvej
Kors-gade
Kirkestræde
Ny Møller-gade
Tordenskjoldsgade
Niels Juelsgade
Hvidtfeldtsgade
Willemoesgade
Marstal Ældrecenter
Lærke-gade
efterskole
Borger-butik
Rådhus-stræde
Lægehus
Peder Skramsgade
Plantagevej
Egehovedvej
4. Maj Stræde
Vestergade
4. Maj Kollegiet
Marstal Stadion
Rønne-vej
Ellenet
Reberbanen
Bostøttecenter
Marstal Navigationsskole
Egehovedvej
P.E. Pålssons Vej
Reberbanen
Solkrogen
Solfanger-anlæg

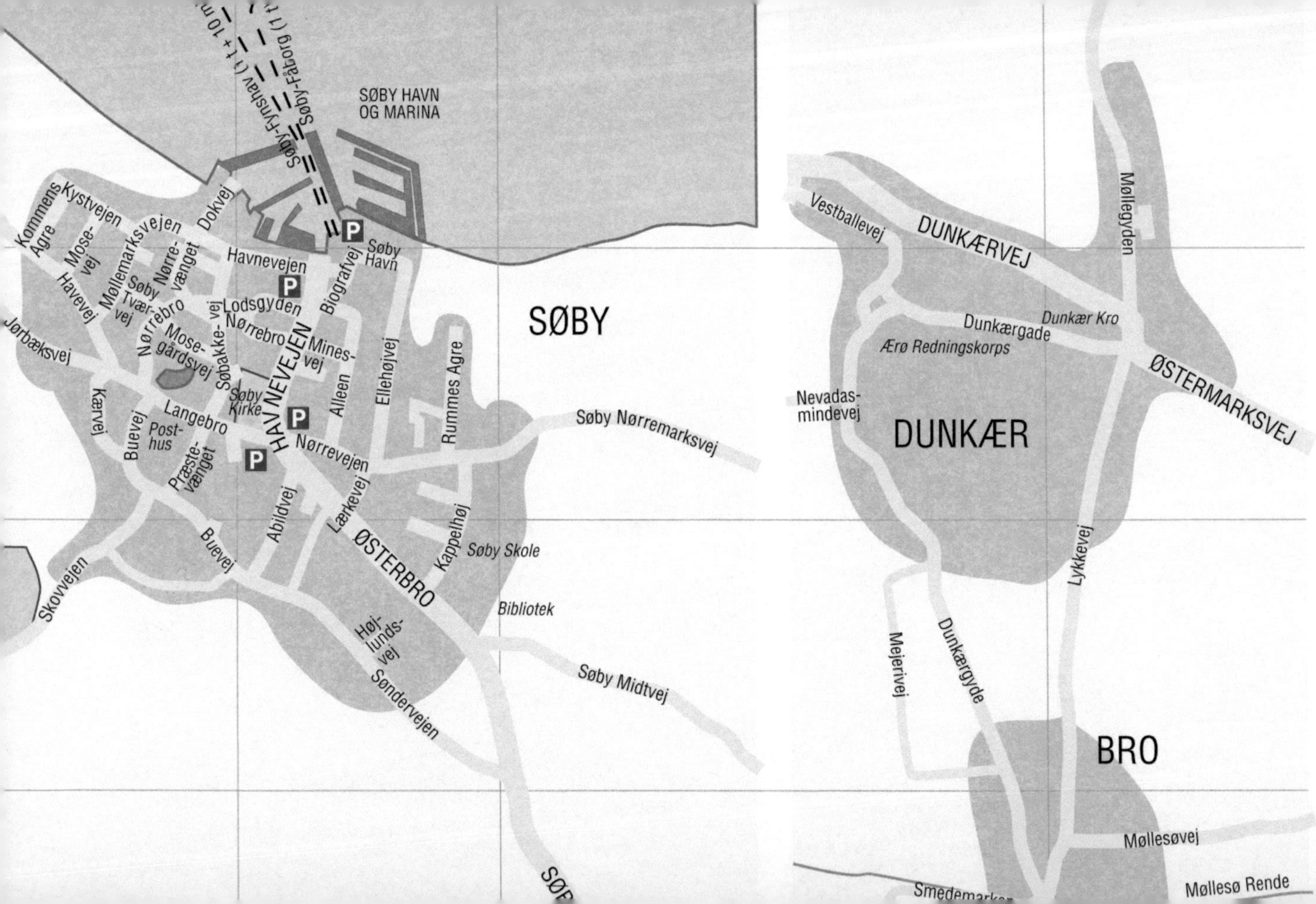
SØBY HAVN
OG MARINA
Søby-Fynshav
Søby-Fåborg
Søby Havn
SØBY
Kommens Agre
Kystvejen
Mose-vej
Møllemarksvejen
Havevej
Dokvej
Nørre-vænget
Søby Tvær-vej
Havnevejen
Lodsgyden
Nørrebro
Mose-gårdsvej
Søbakke-vej
Biografvej
HAVNEVEJEN
Mines-vej
Søby Kirke
Langebro
Post-hus
Kærvej
Buevej
Præste-vænget
Alleen
Ellehøjvej
Rummes Agre
Nørrevejen
Abildvej
Lærkevej
ØSTERBRO
Kappelhøj
Søby Skole
Bibliotek
Søby Nørremarksvej
Søby Midtvej
Høj-lunds-vej
Søndervejen
Skovvejen
Jørbæksvej
Vestballevej
DUNKÆRVEJ
Møllegyden
Dunkær Kro
Dunkærgade
Ærø Redningskorps
ØSTERMARKSVEJ
Nevadas-mindevej
DUNKÆR
Lykkevej
Mejerivej
Dunkærgyde
BRO
Møllesøvej
Møllesø Rende

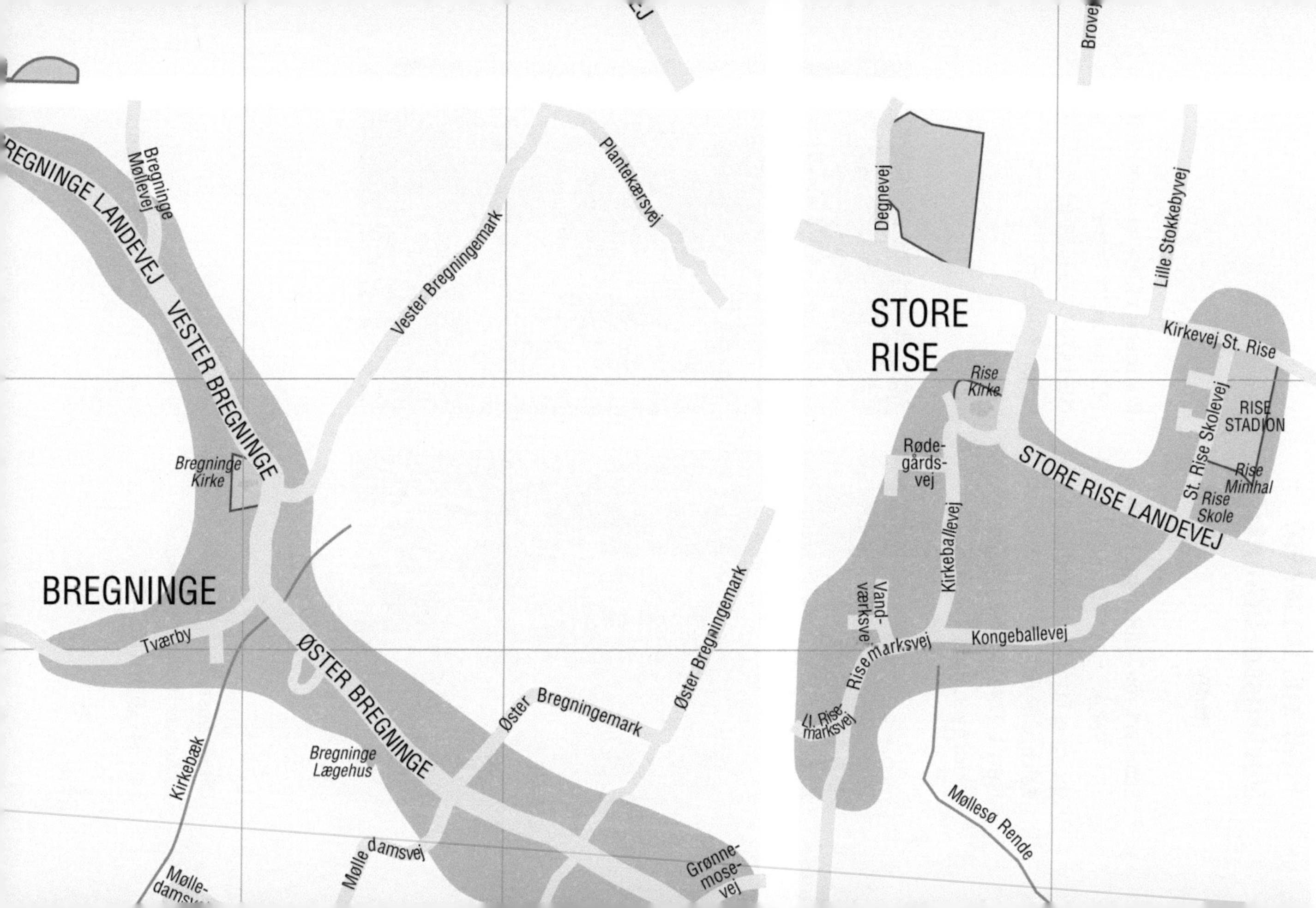
BREGNINGE
STORE RISE
BREGNINGE LANDEVEJ
VESTER BREGNINGE
ØSTER BREGNINGE
STORE RISE LANDEVEJ
Bregninge Møllevej
Bregninge Kirke
Tværby
Kirkebæk
Bregninge Lægehus
Mølle damsvej
Vester Bregningemark
Plantekærsvej
Øster Bregningemark
Grønne-mose-vej
Degnevej
Lille Stokkebyvej
Kirkevej St. Rise
Rise Kirke
Røde-gårds-vej
Kirkeballevej
Kongeballevej
Vand-værksvej
Rise marksvej
Ll. Rise marksvej
St. Rise Skolevej
RISE STADION
Rise Minihal
Rise Skole
Møllesø Rende

Andere lieferbare Titel aus unserem Verlagssortiment:

Schmuck und Bilder aus Haaren
154 Seiten, 246 farbige Abbildungen, 80 Schwarzweißfotos und Zeichnungen
ISBN 3-928327-20-8
Hardcover, Preis 35,- Euro

Ruhrgebiet für eine Hand voll Euro
132 Seiten, 39 Fotos
ISBN 978-3-939408-01-7
Preis 13,90 Euro

Kos Reisehandbuch
96 Seiten,
50 Farb- und Schwarzweißfotos,
1 Karte
ISBN 978-3-939408-09-3
Preis 12,90 Euro

Sauerland Reisehandbuch
144 Seiten, 55 Bilder,
ISBN 978-3-939408-06-2
Preis: 14,90 Euro

URLAUB AUF
HOHER SEE
Heitere Kurzgeschichten
rund um die Kreuzfahrt
VERLAG